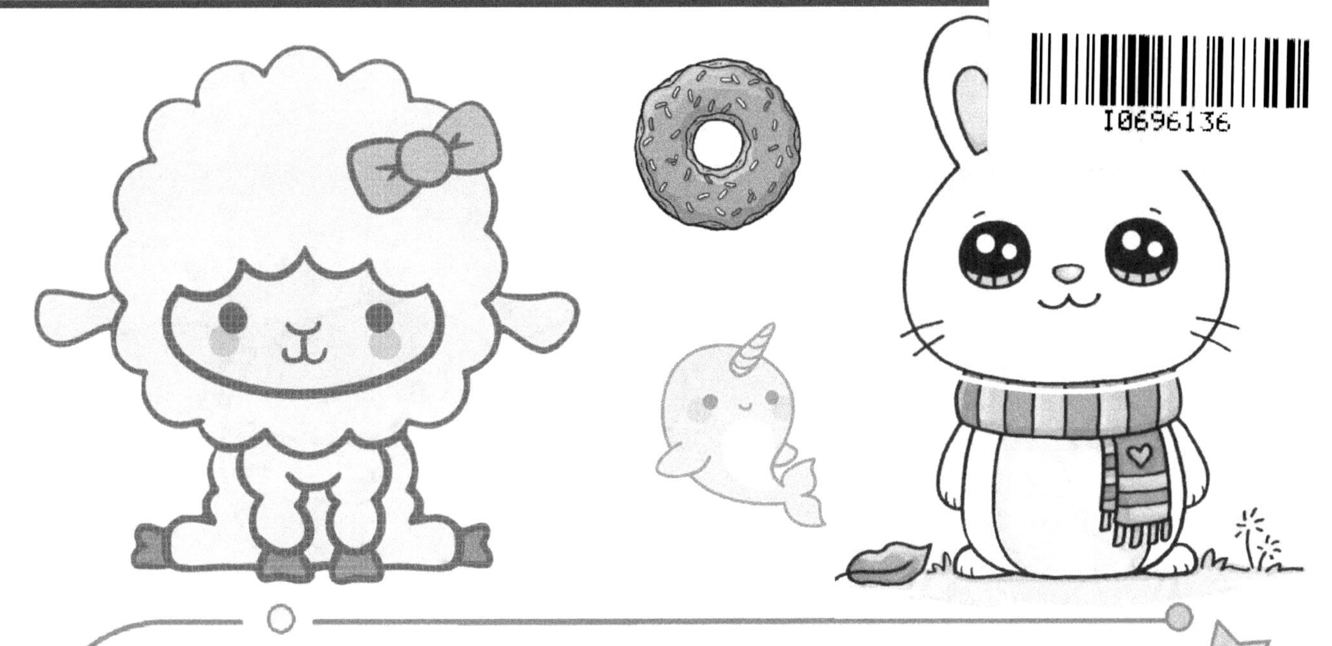

COME DISEGNARE

TUTTO IN

6 PASSAGGI

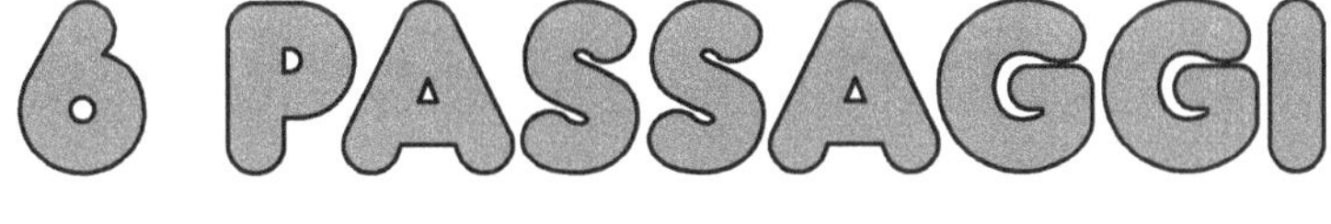

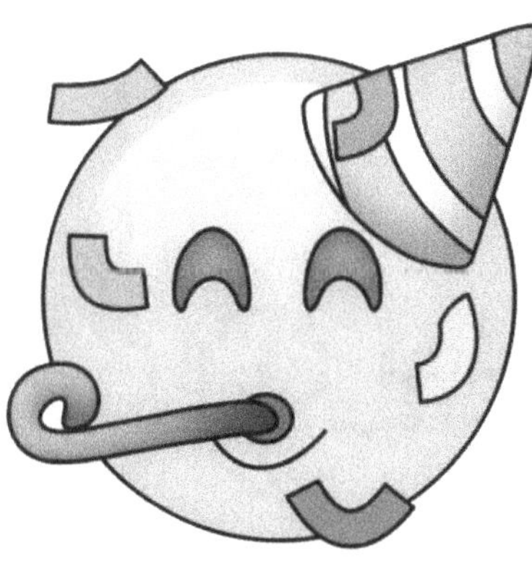

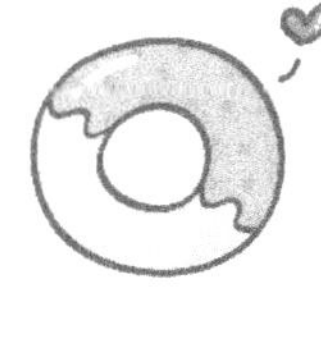

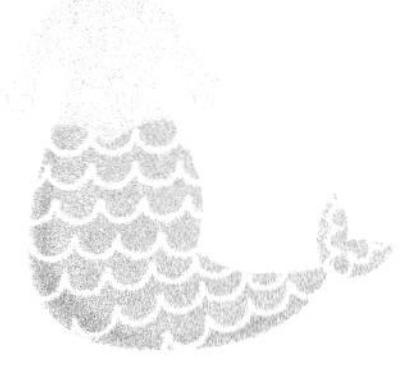

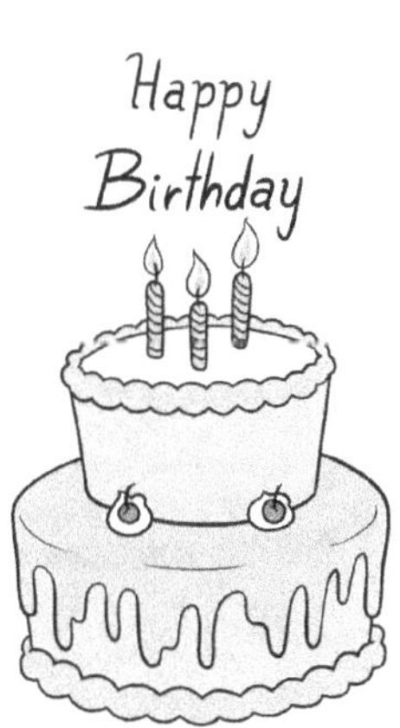

NAIMA PRESS

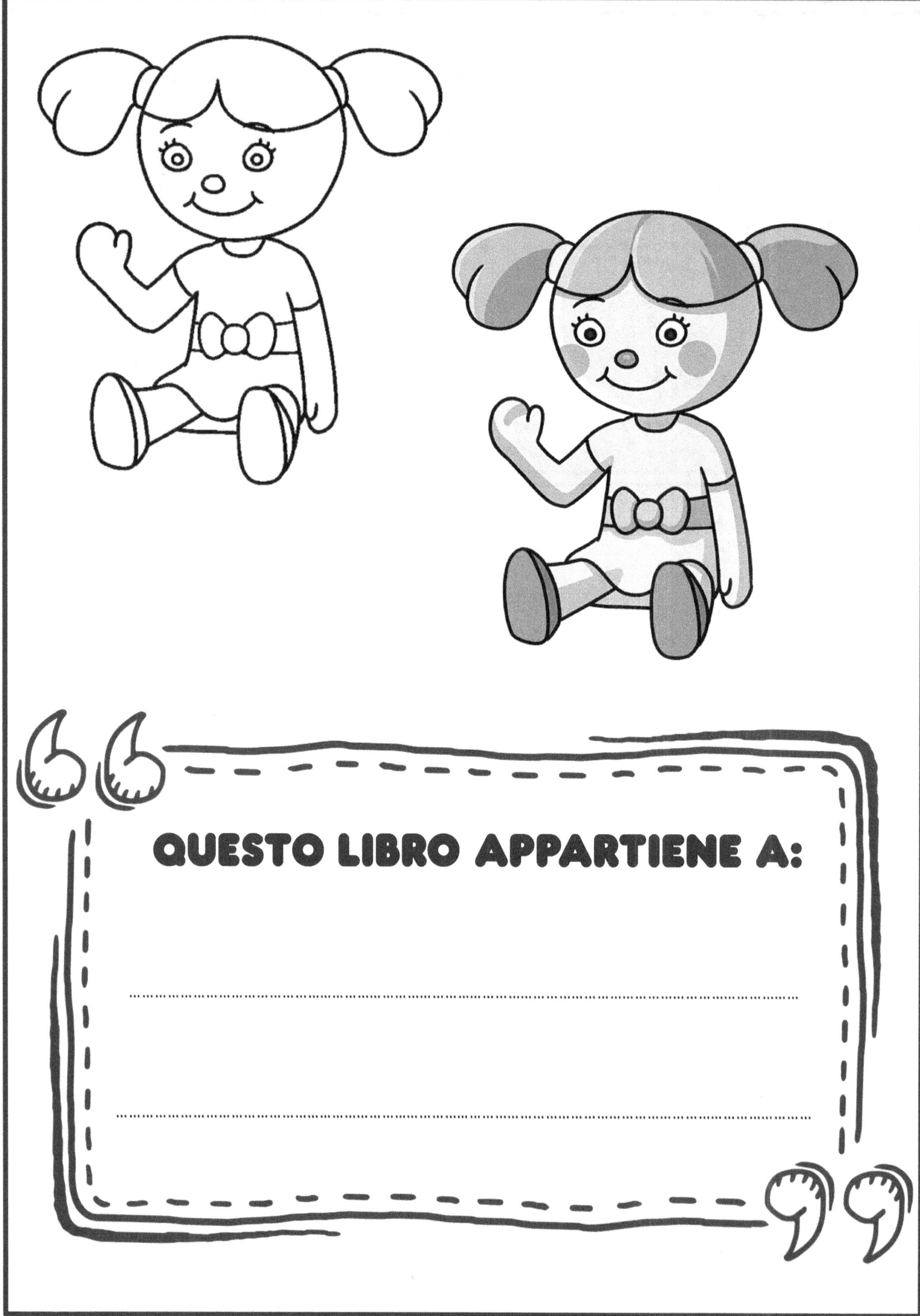
QUESTO LIBRO APPARTIENE A:

Contenuto

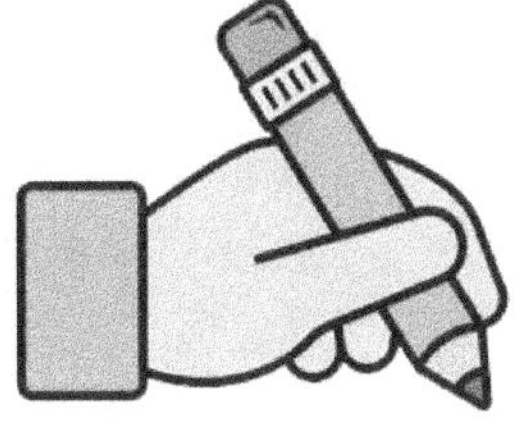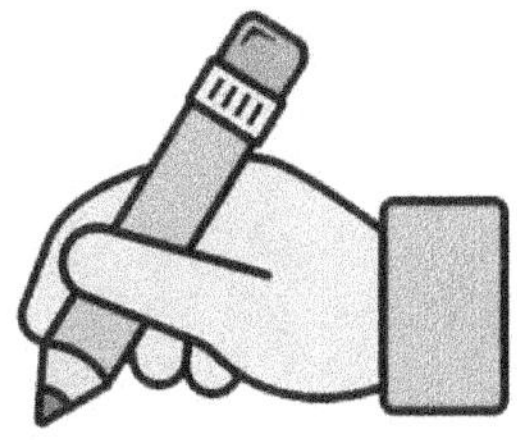

- ✓ **Animali domestici (10 disegni)**
- ✓ **Emoji (10 disegni)**
- ✓ **Pesce (10 Disegni)**
- ✓ **Uccelli (10 disegni)**
- ✓ **Fiori (10 Disegni)**
- ✓ **Ragazze carine (10 disegni)**
- ✓ **Principessa (10 disegni)**
- ✓ **Sirene (10 disegni)**
- ✓ **Halloween (10 disegni)**
- ✓ **Oggetti per la casa (10 disegni)**
- ✓ **Creature marine (10 Disegni)**
- ✓ **Cavalli (10 Disegni)**
- ✓ **Cose carine (10 Disegni)**
- ✓ **Dinosauri (10 disegni)**
- ✓ **Giocattoli (10 Disegni)**
- ✓ **Automobili (10 disegni)**
- ✓ **Camion (10 disegni)**
- ✓ **Veicoli (10 disegni)**
- ✓ **Dolci (10 Disegni)**
- ✓ **Natale (10 disegni)**

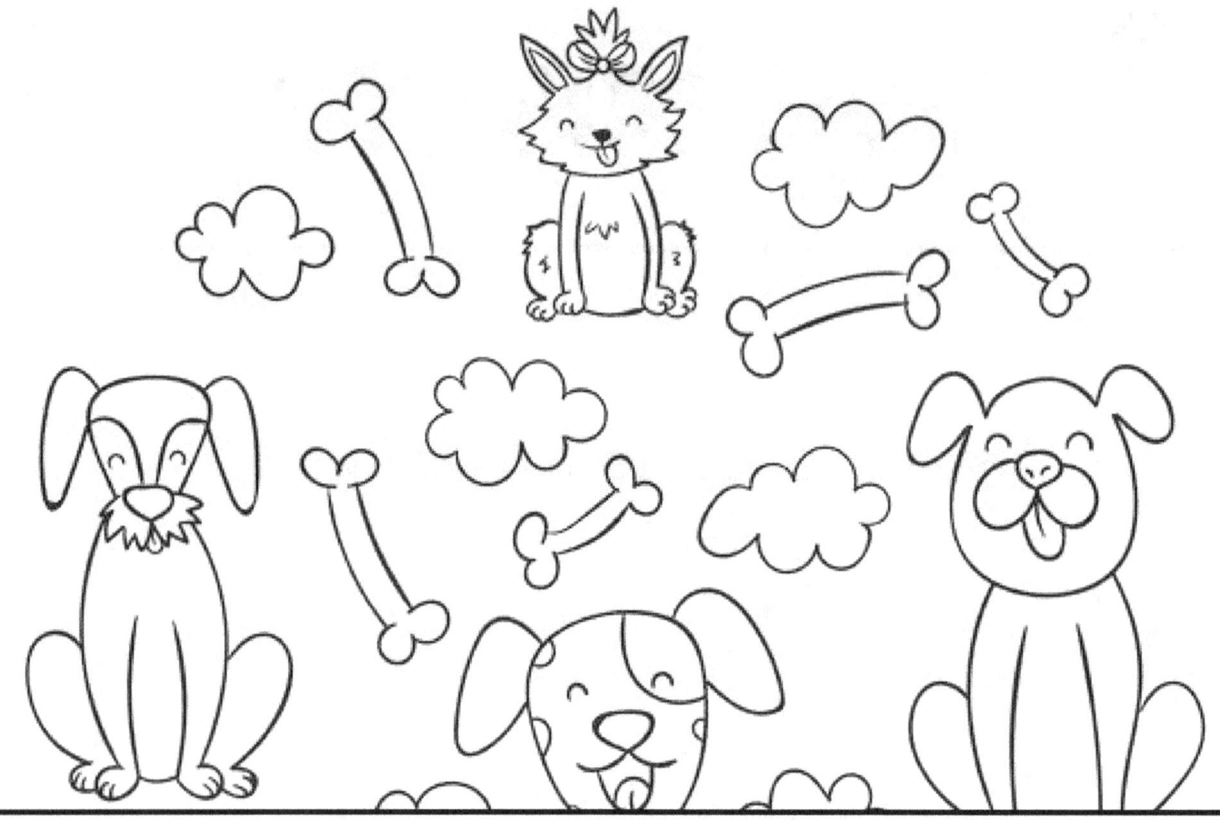

Animali domestici ed emoji

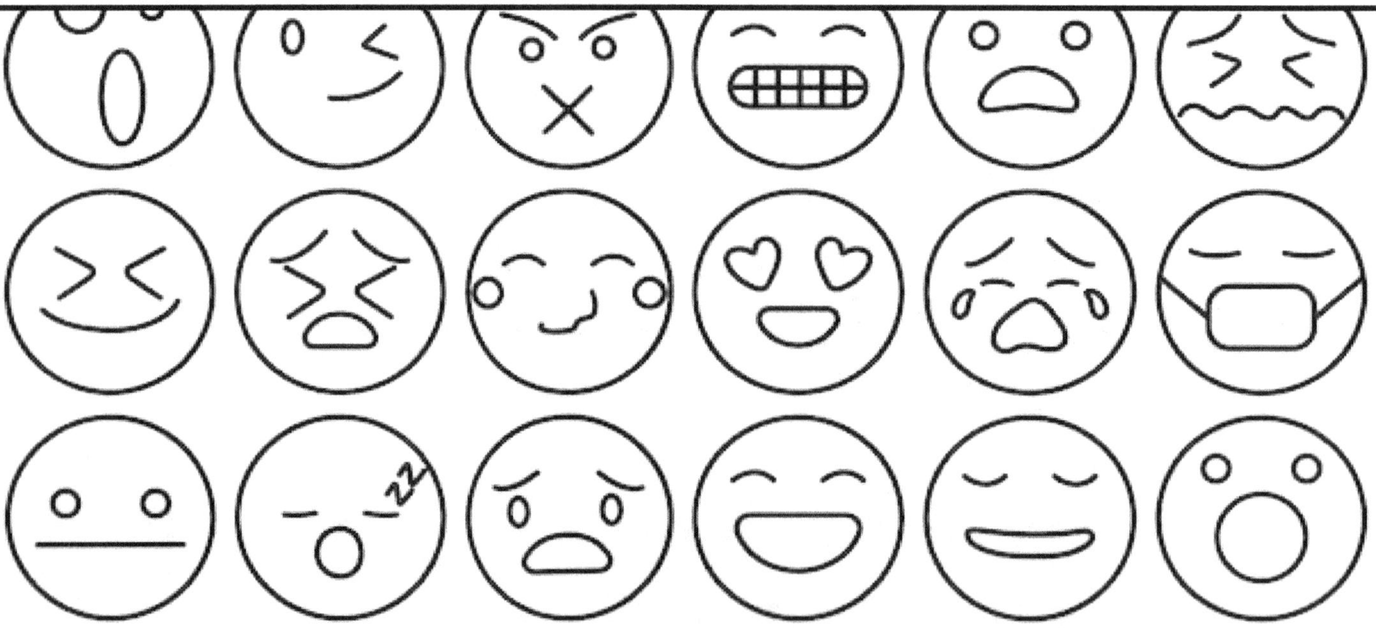

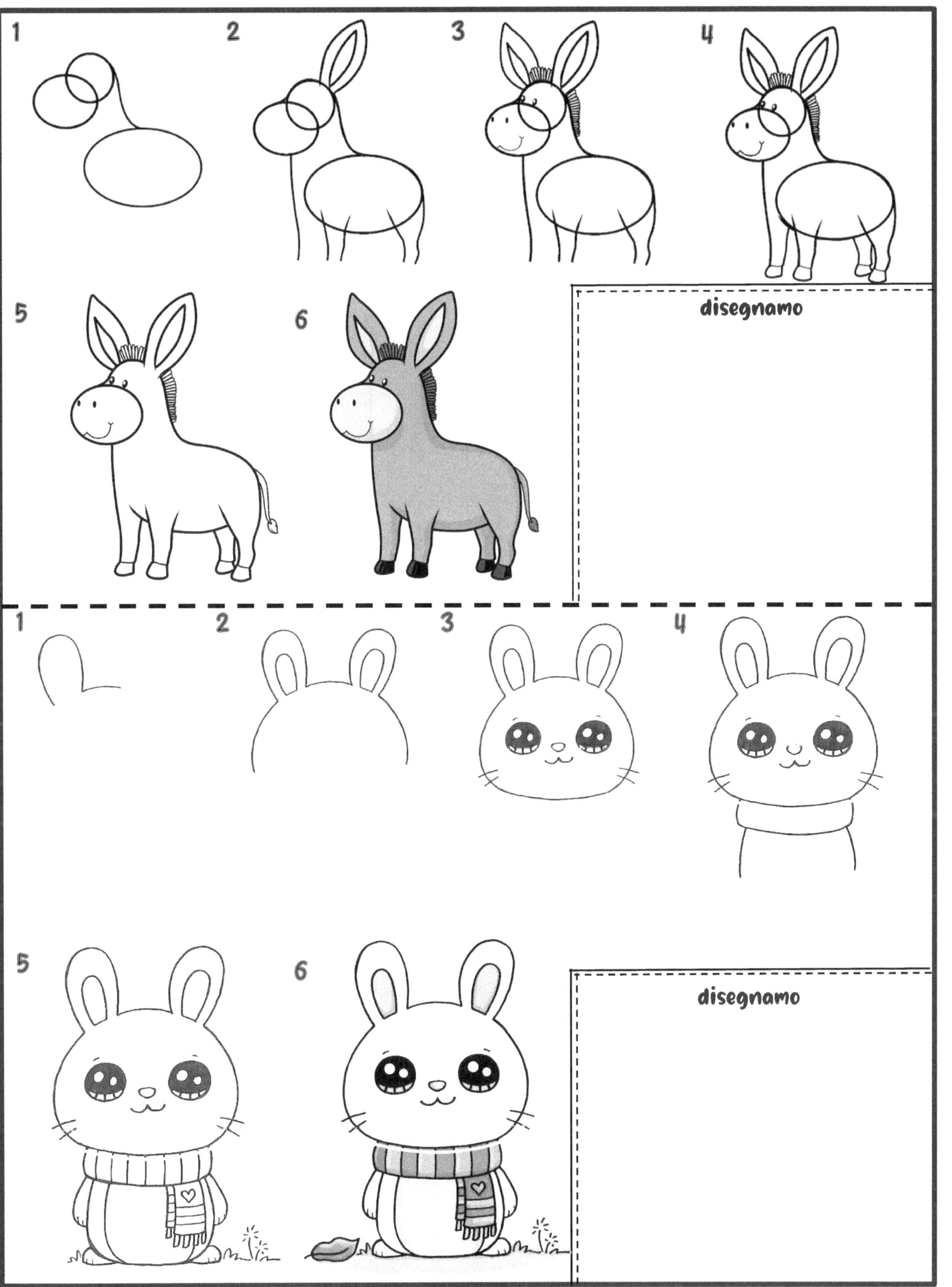

1
2
3
4
disegnamo
5
6
1
2
3
4
5
6
disegnamo

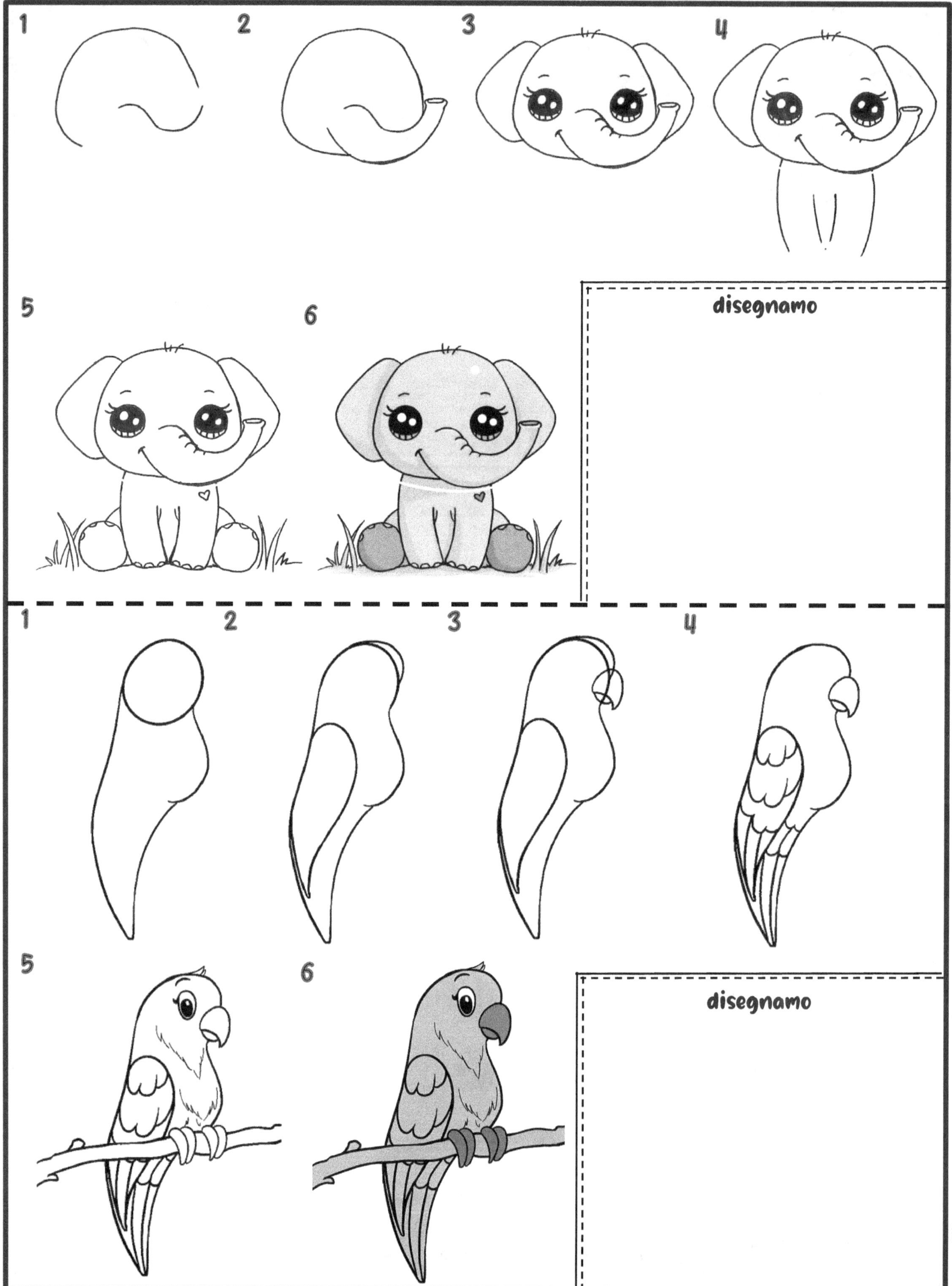
1
2
3
4
5
6
disegnamo
1
2
3
4
5
6
disegnamo

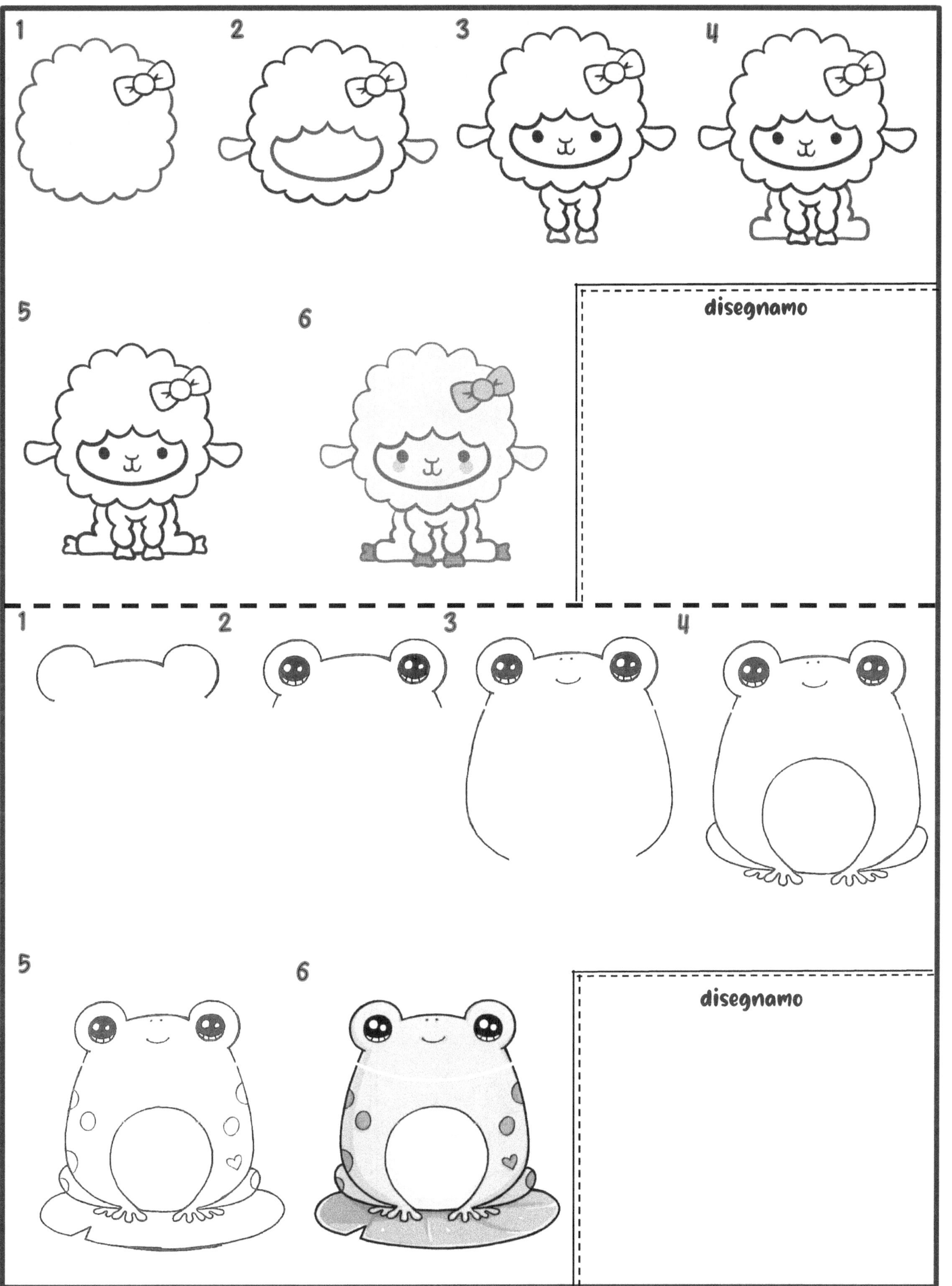

1
2
3
4
5
6
disegnamo
1
2
3
4
5
6
disegnamo

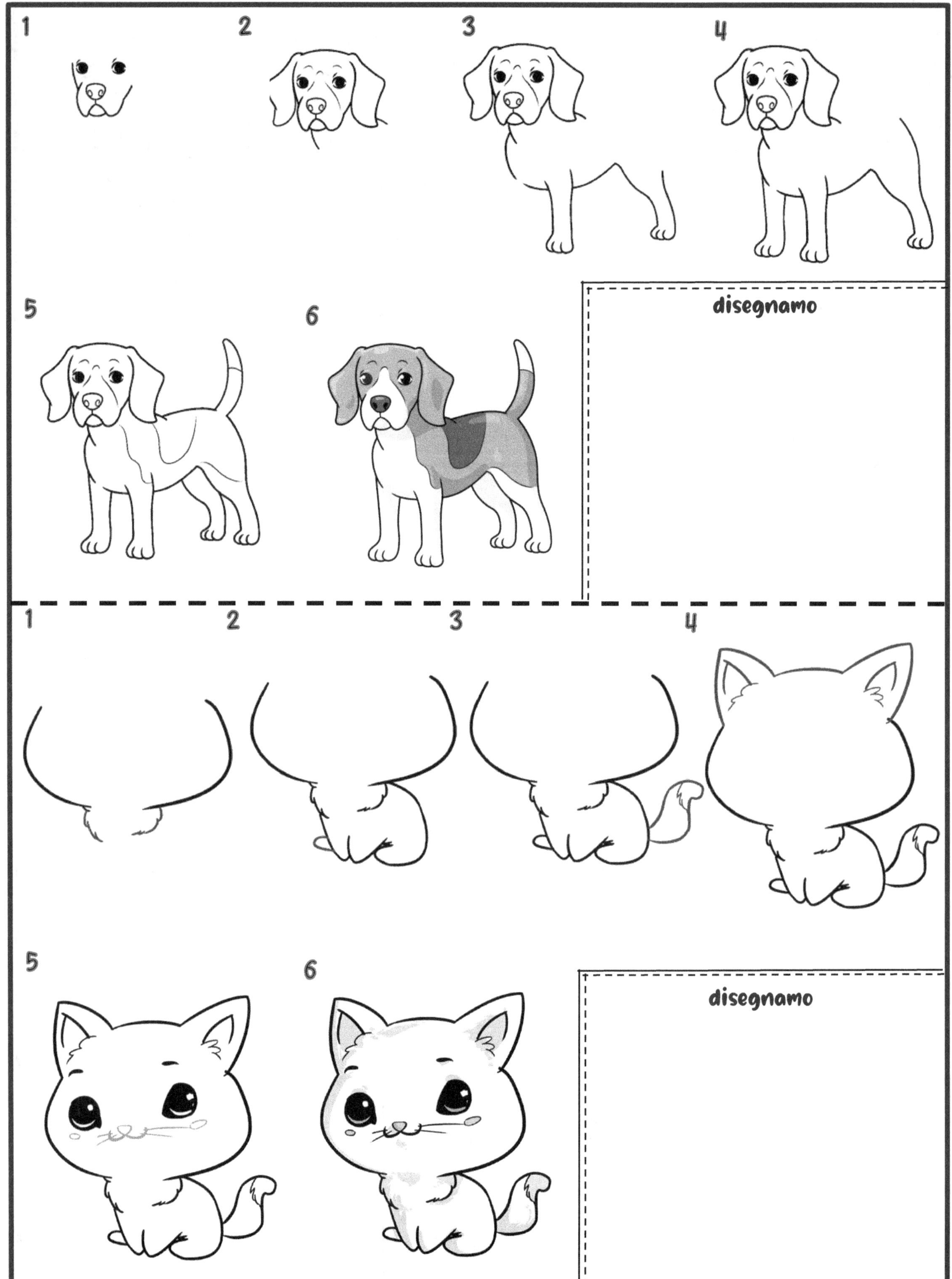

1
2
3
4
5
6
disegnamo
1
2
3
4
5
6
disegnamo

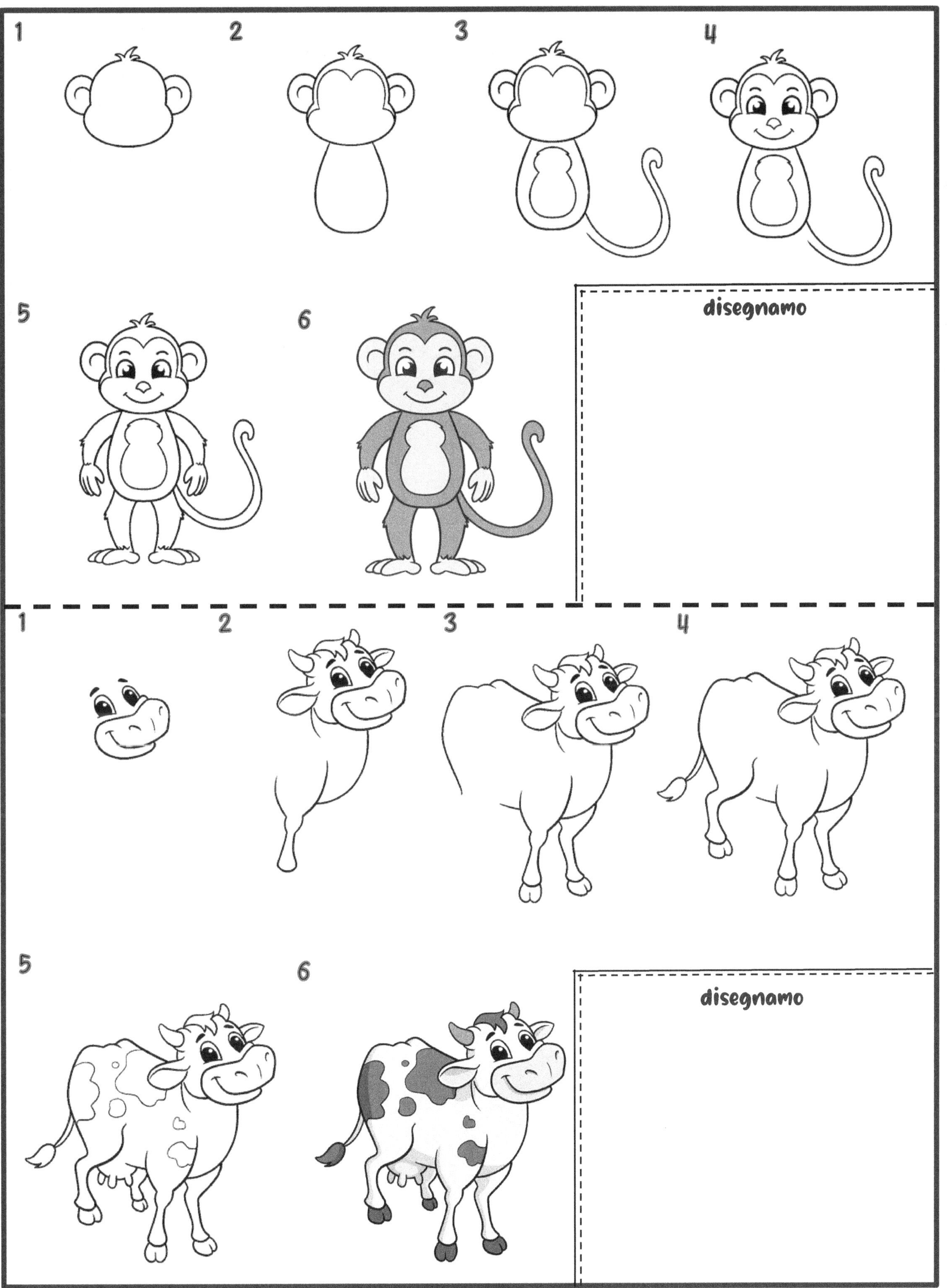

1
2
3
4
5
6
disegnamo
1
2
3
4
5
6
disegnamo

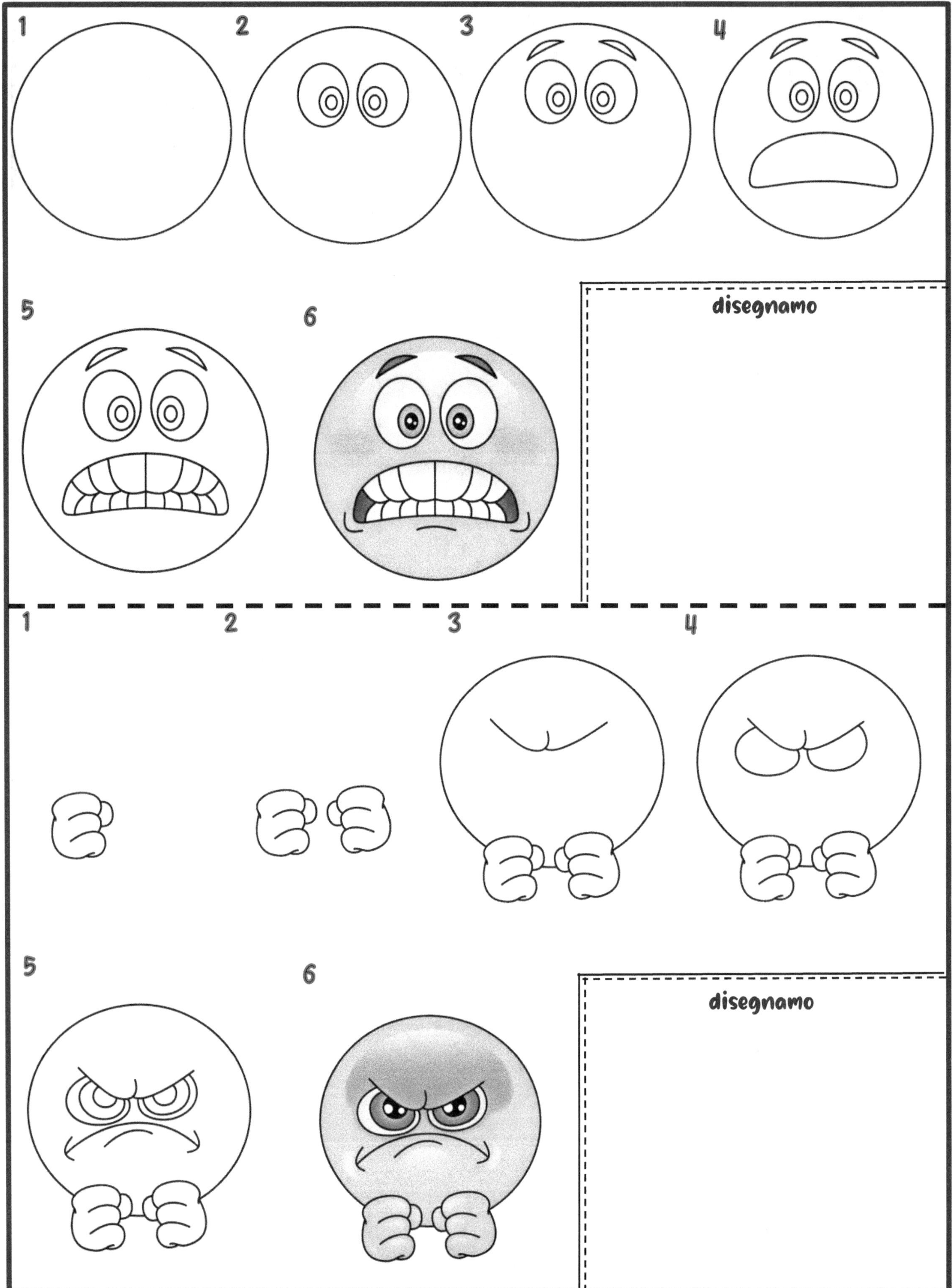
1
2
3
4
5
6
disegnamo
1
2
3
4
5
6
disegnamo

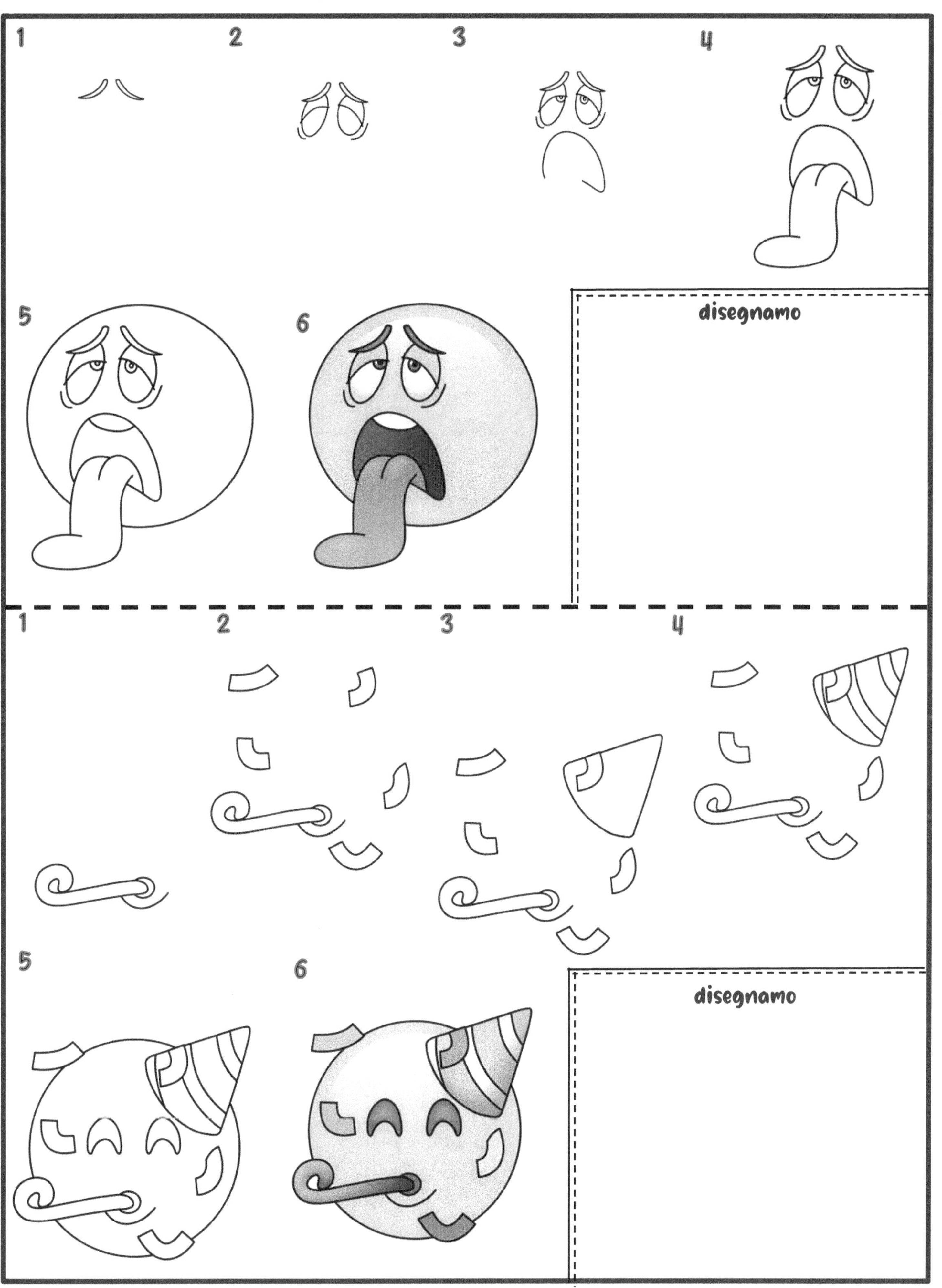

1
2
3
4
disegnamo
5
6
1
2
3
4
disegnamo
5
6

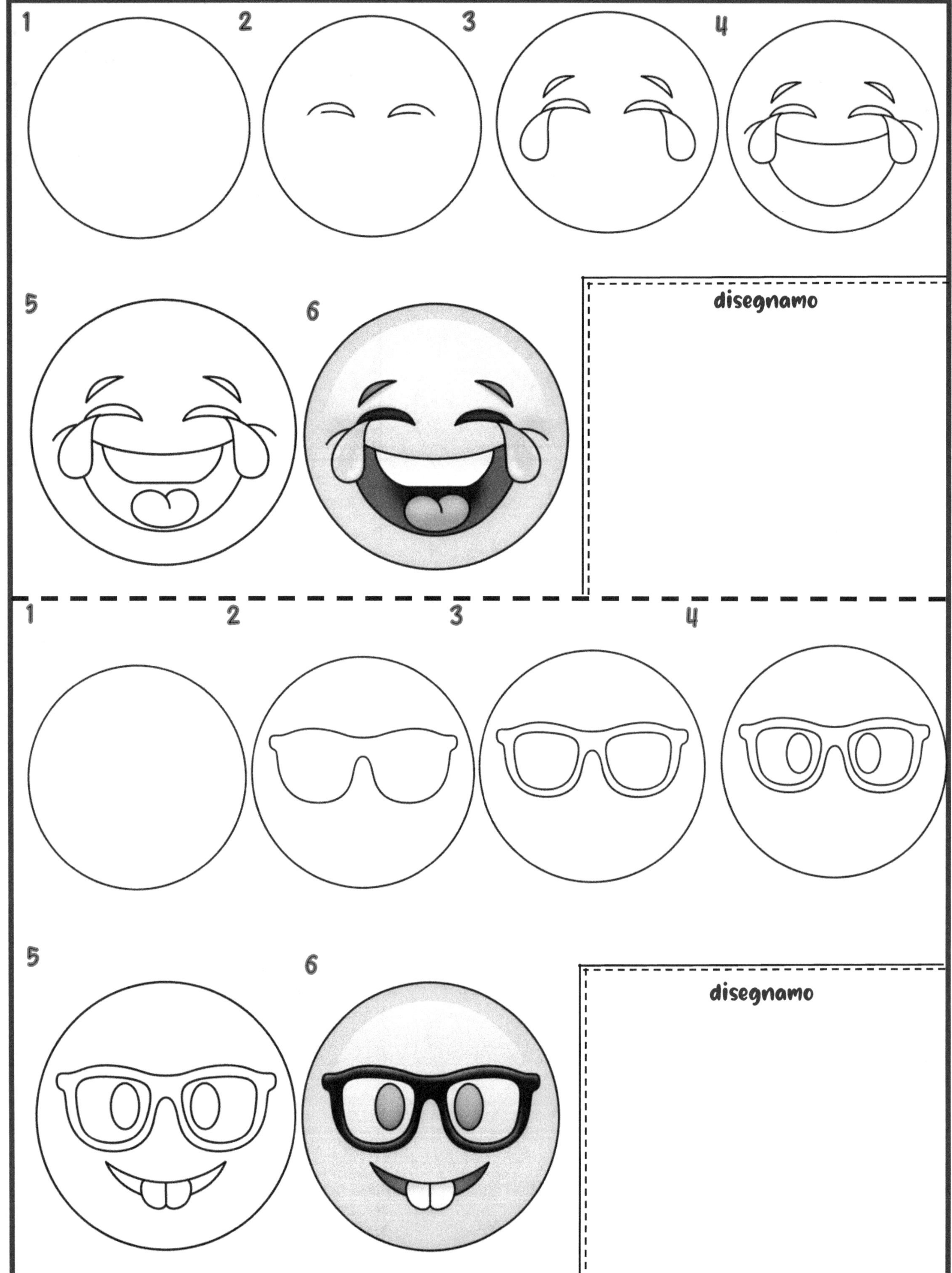

1
2
3
4
5
6
disegnamo
1
2
3
4
5
6
disegnamo

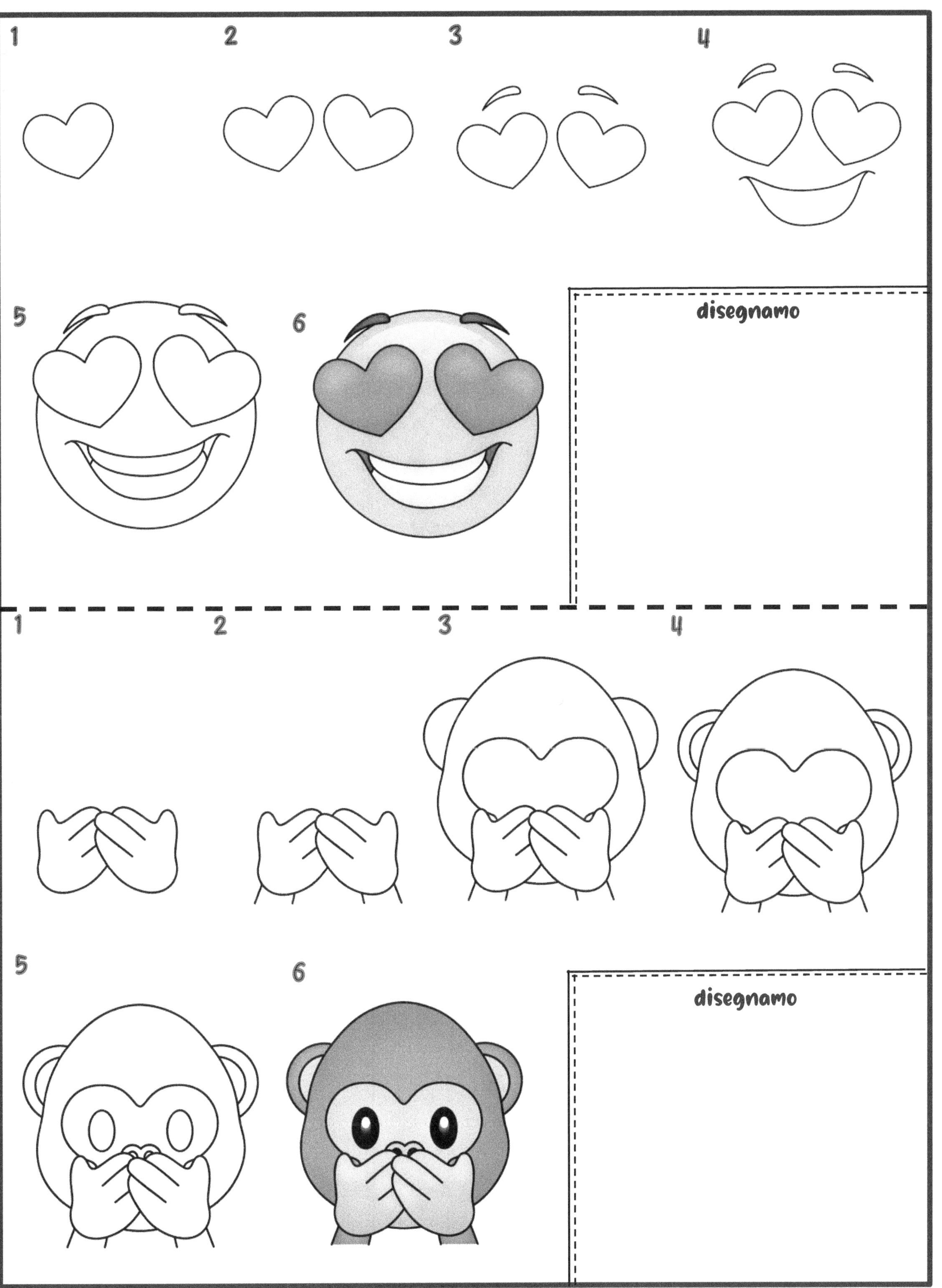

1
2
3
4
disegnamo
5
6
1
2
3
4
5
6
disegnamo

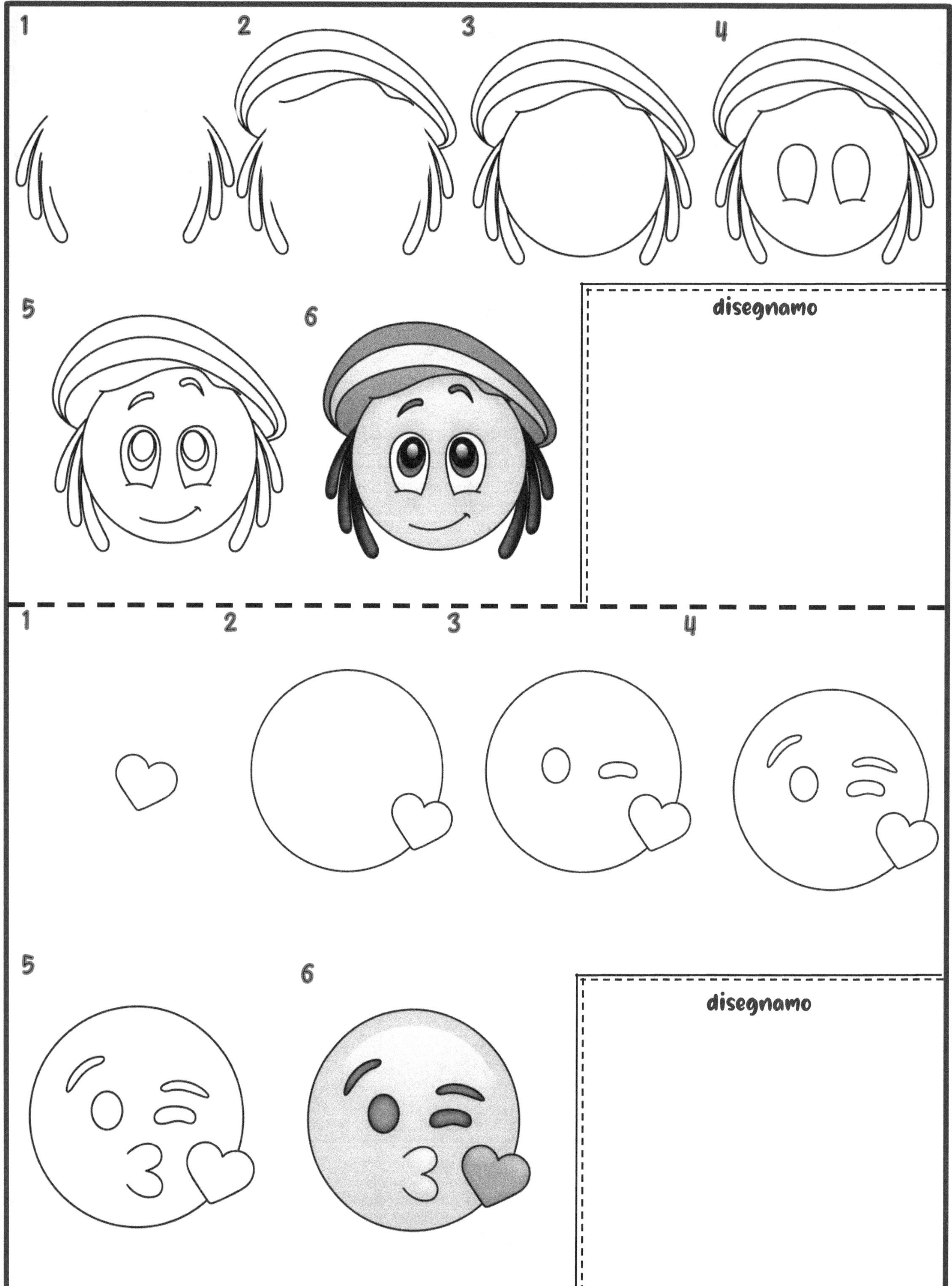

1
2
3
4
disegnamo
5
6
1
2
3
4
disegnamo
5
6

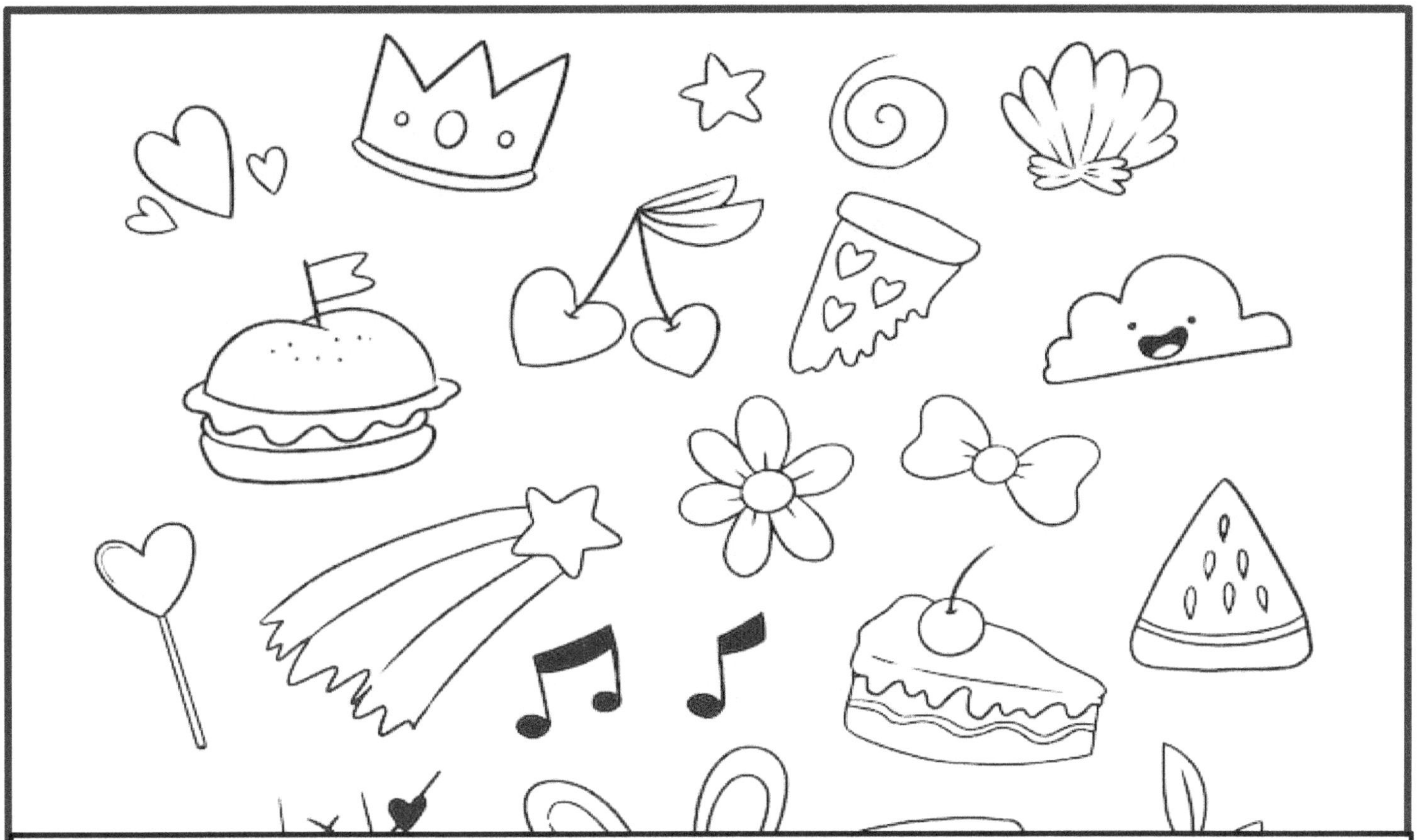

Cose carine e pesci

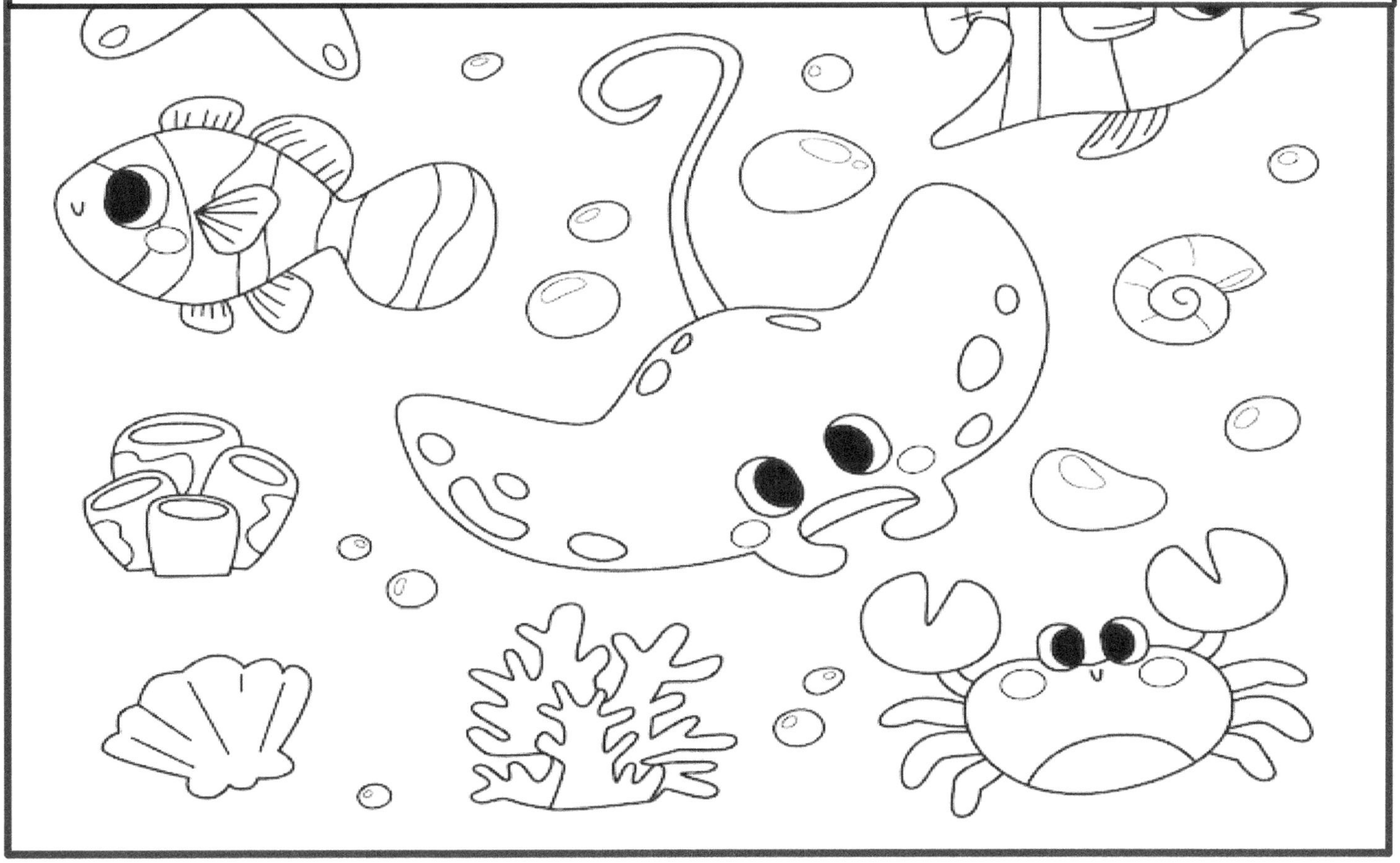

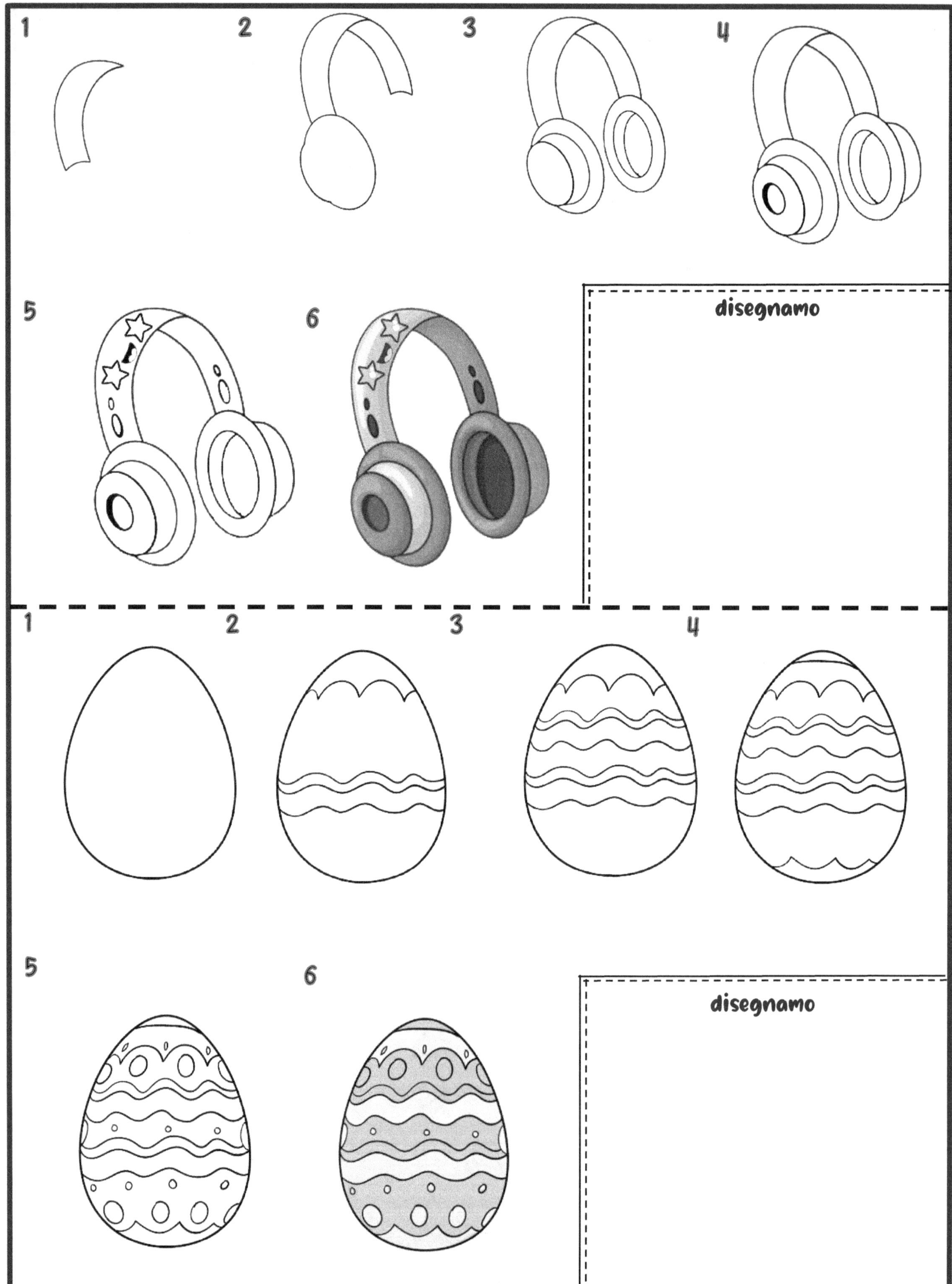

1
2
3
4
5
6
disegnamo
1
2
3
4
5
6
disegnamo

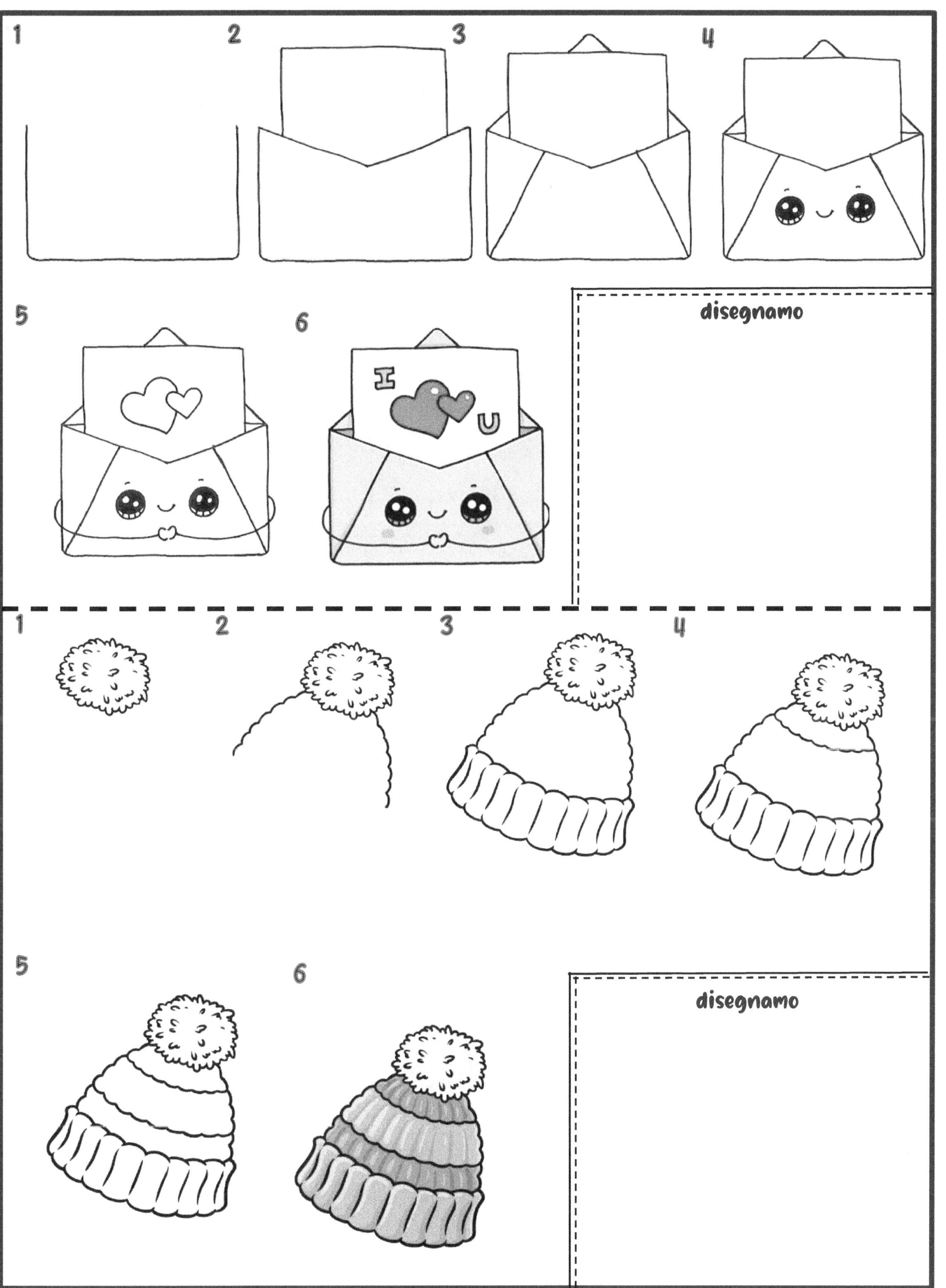

disegnamo
disegnamo

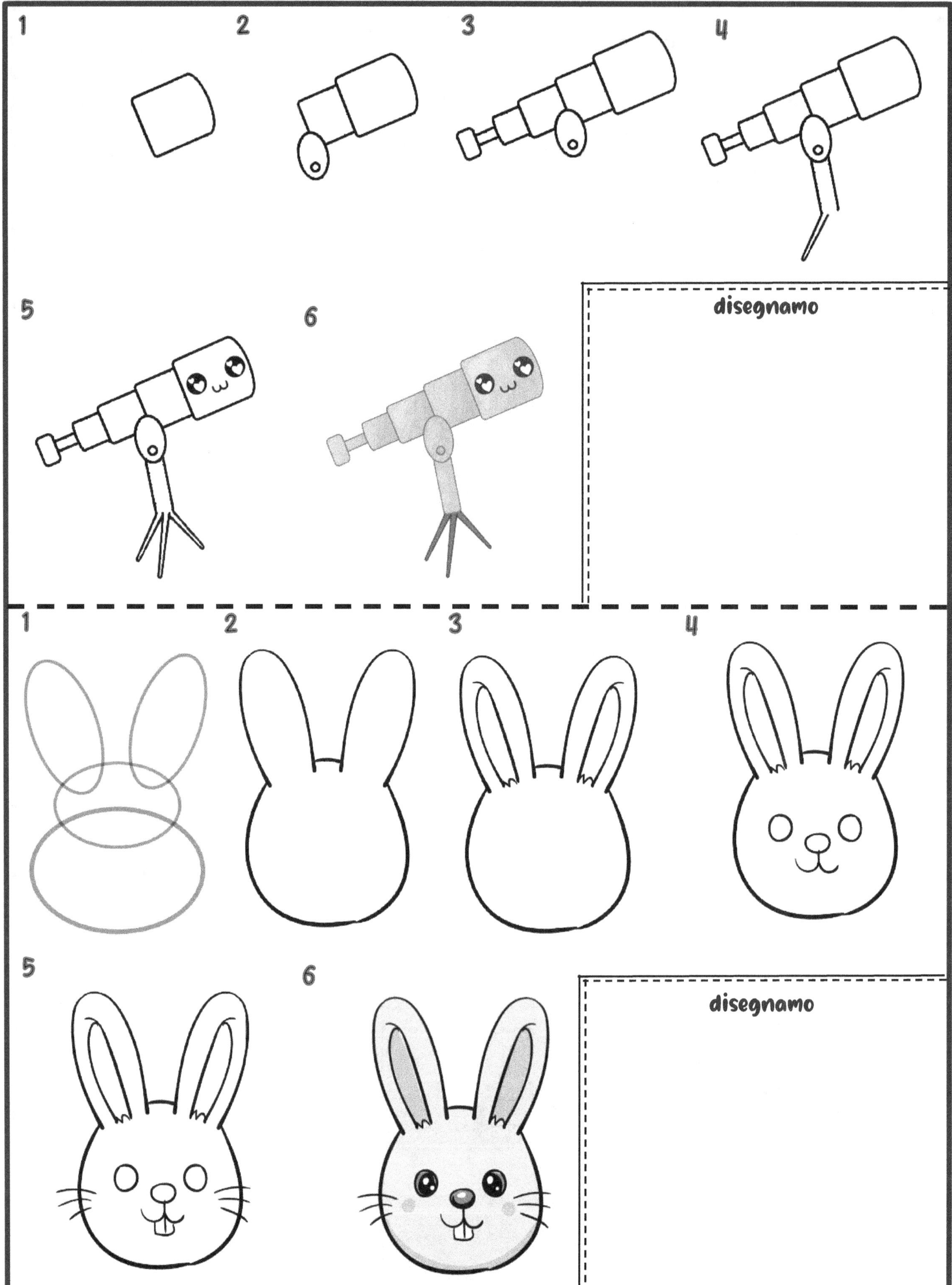
1
2
3
4
5
6
disegnamo
1
2
3
4
5
6
disegnamo

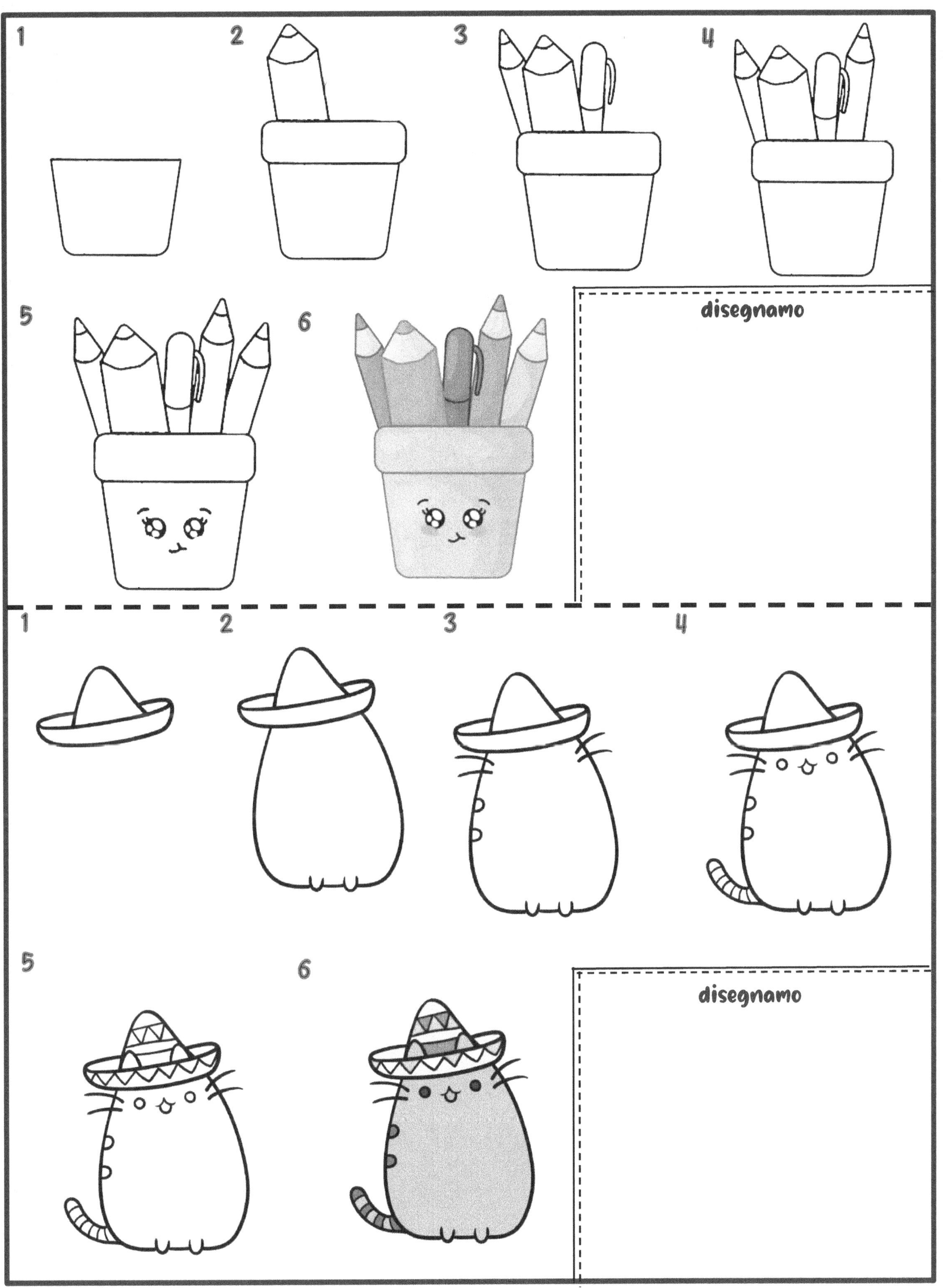

1
2
3
4
5
6
disegnamo
1
2
3
4
5
6
disegnamo

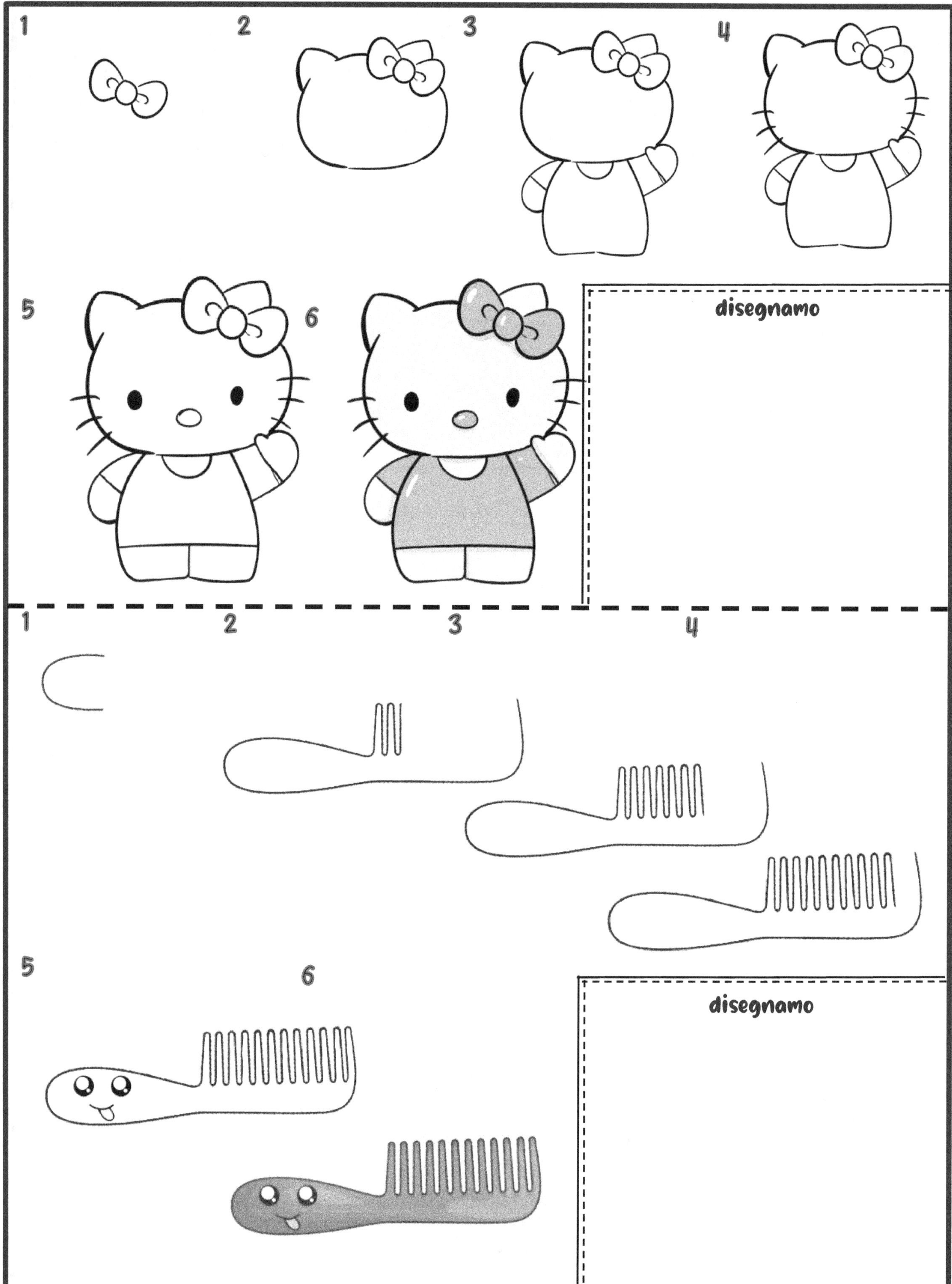

1
2
3
4
5
6
disegnamo
1
2
3
4
5
6
disegnamo

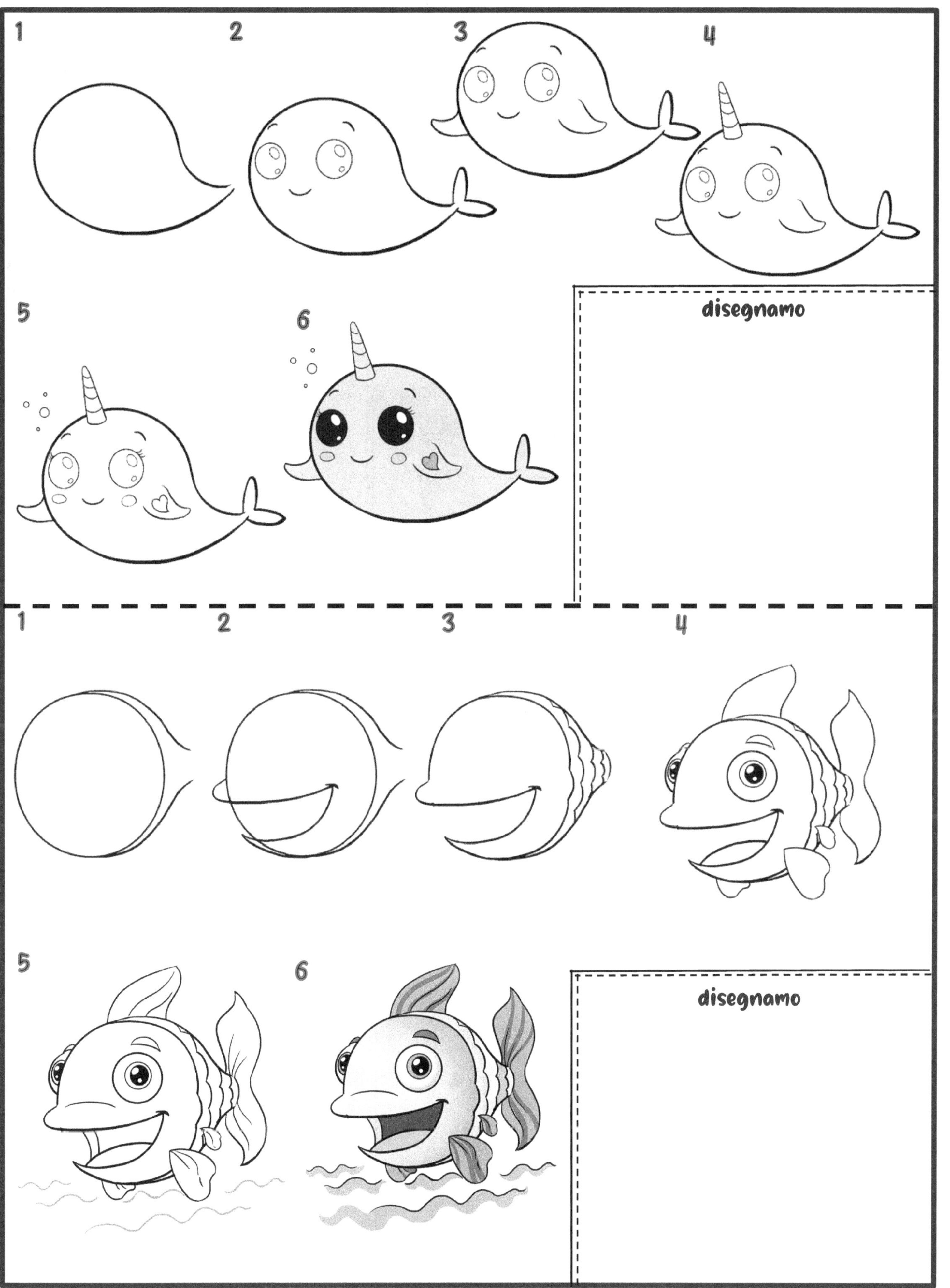

1
2
3
4
disegnamo
5
6
1
2
3
4
5
6
disegnamo

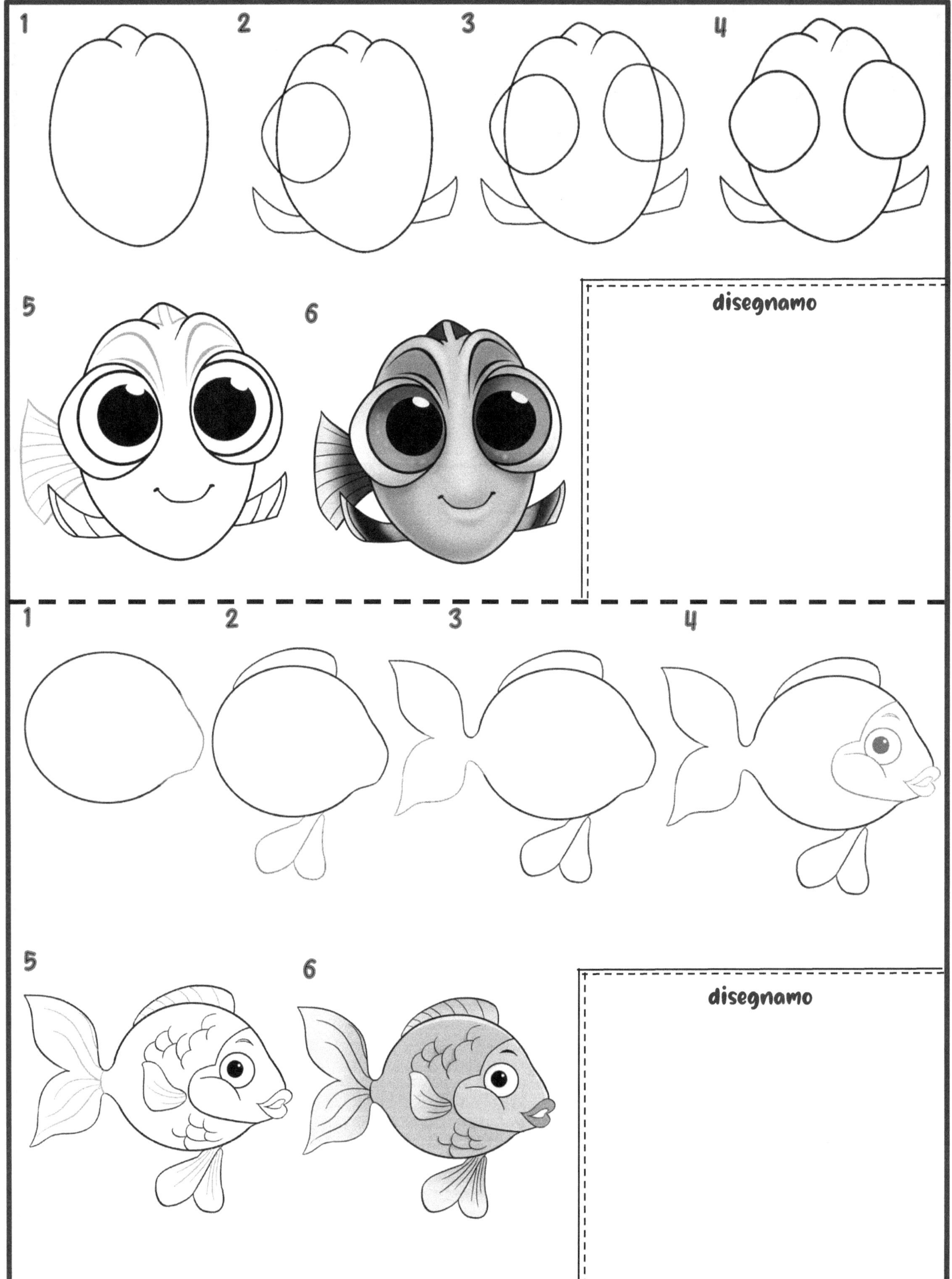

disegnamo
disegnamo

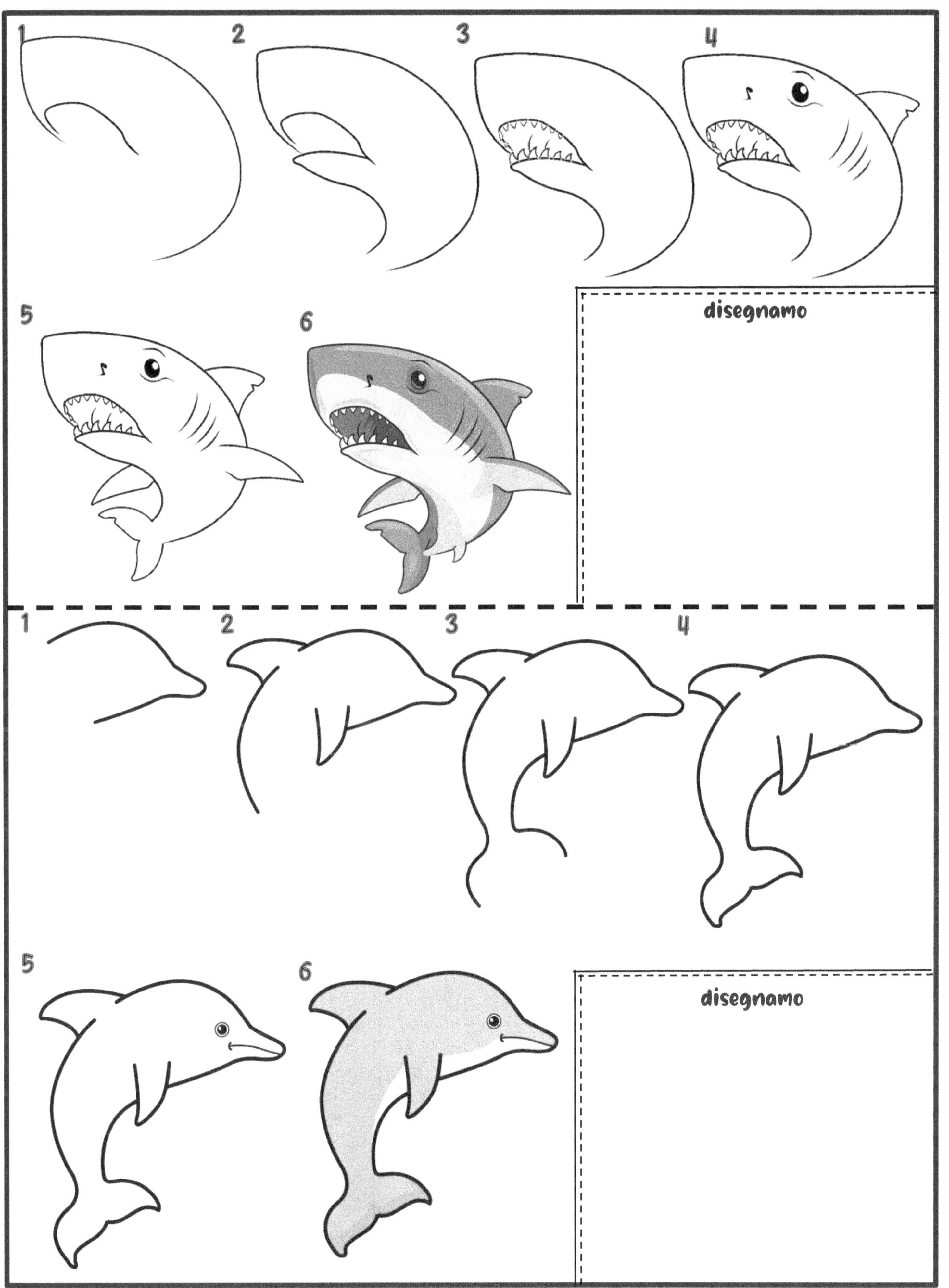
1
2
3
4
5
6
disegnamo
1
2
3
4
5
6
disegnamo

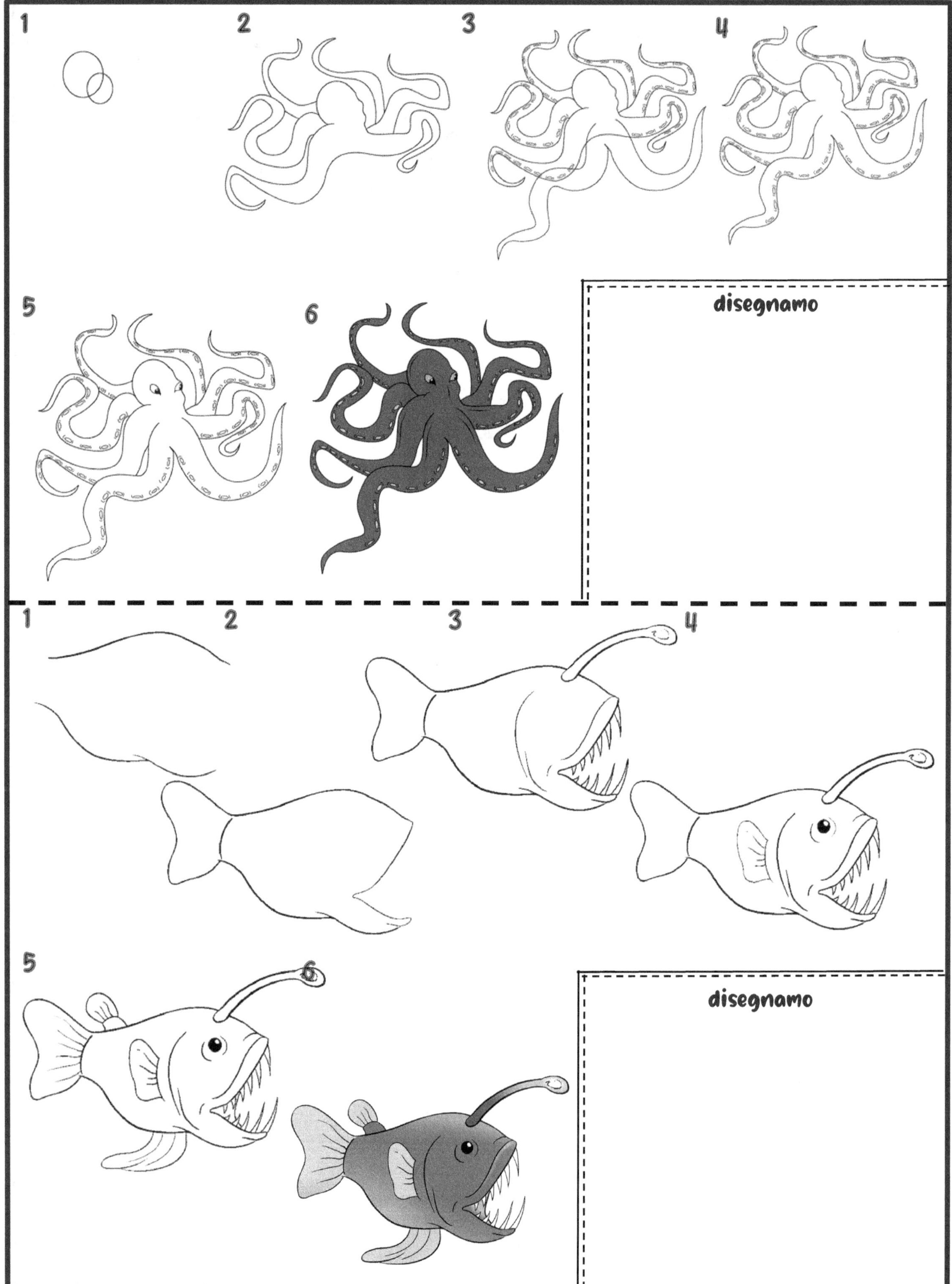

disegnamo
disegnamo

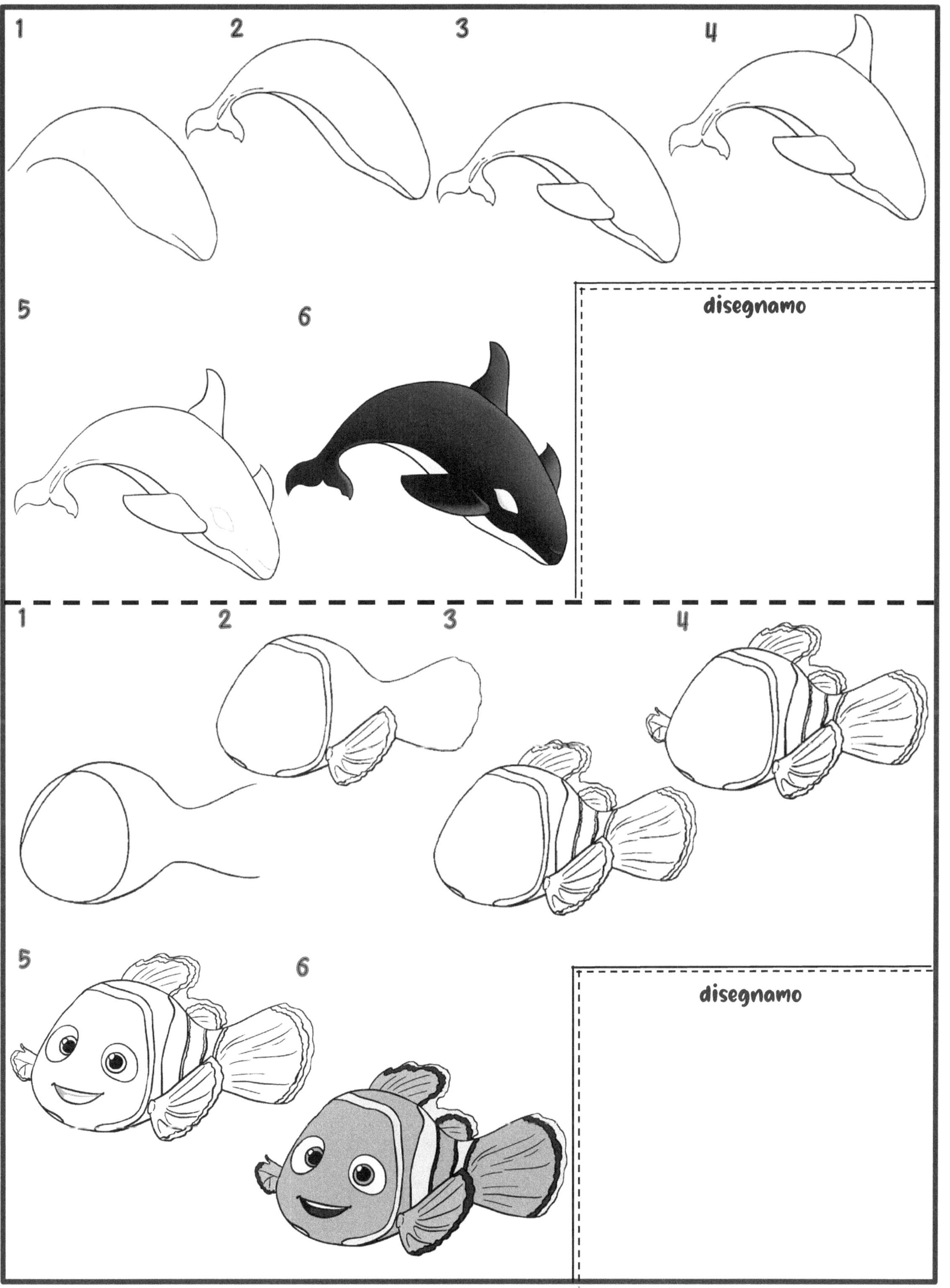
1
2
3
4
5
6
disegnamo
1
2
3
4
5
6
disegnamo

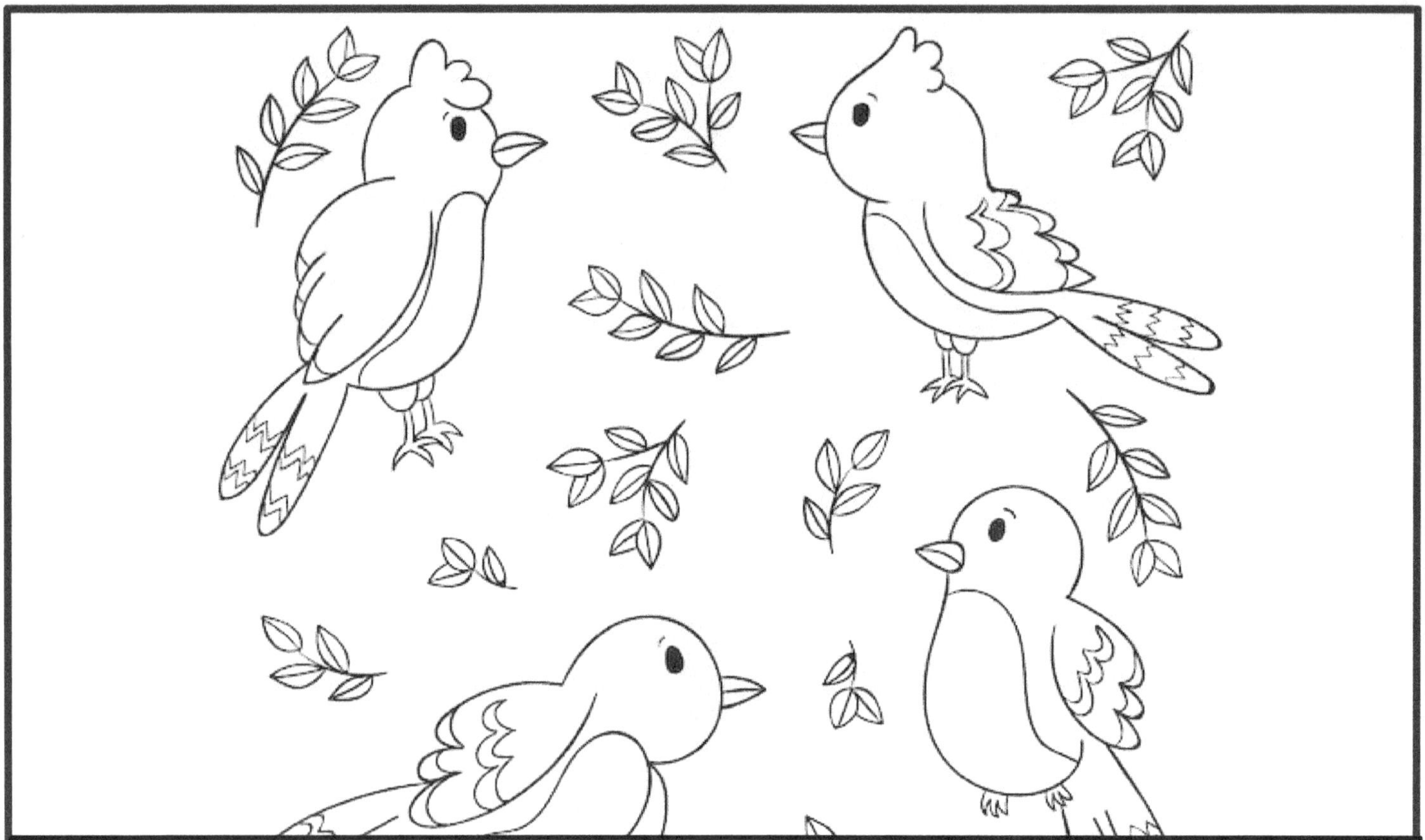

uccelli e fiori

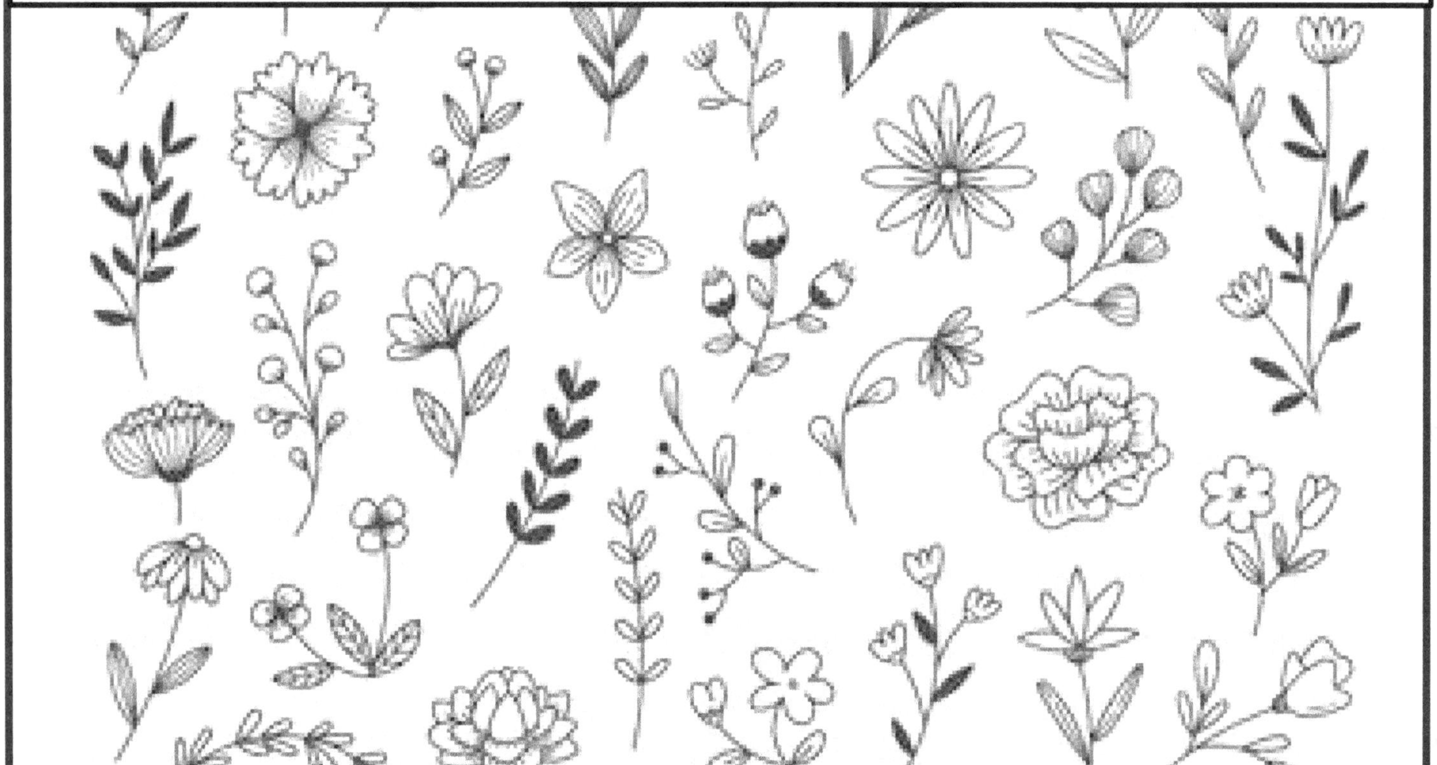

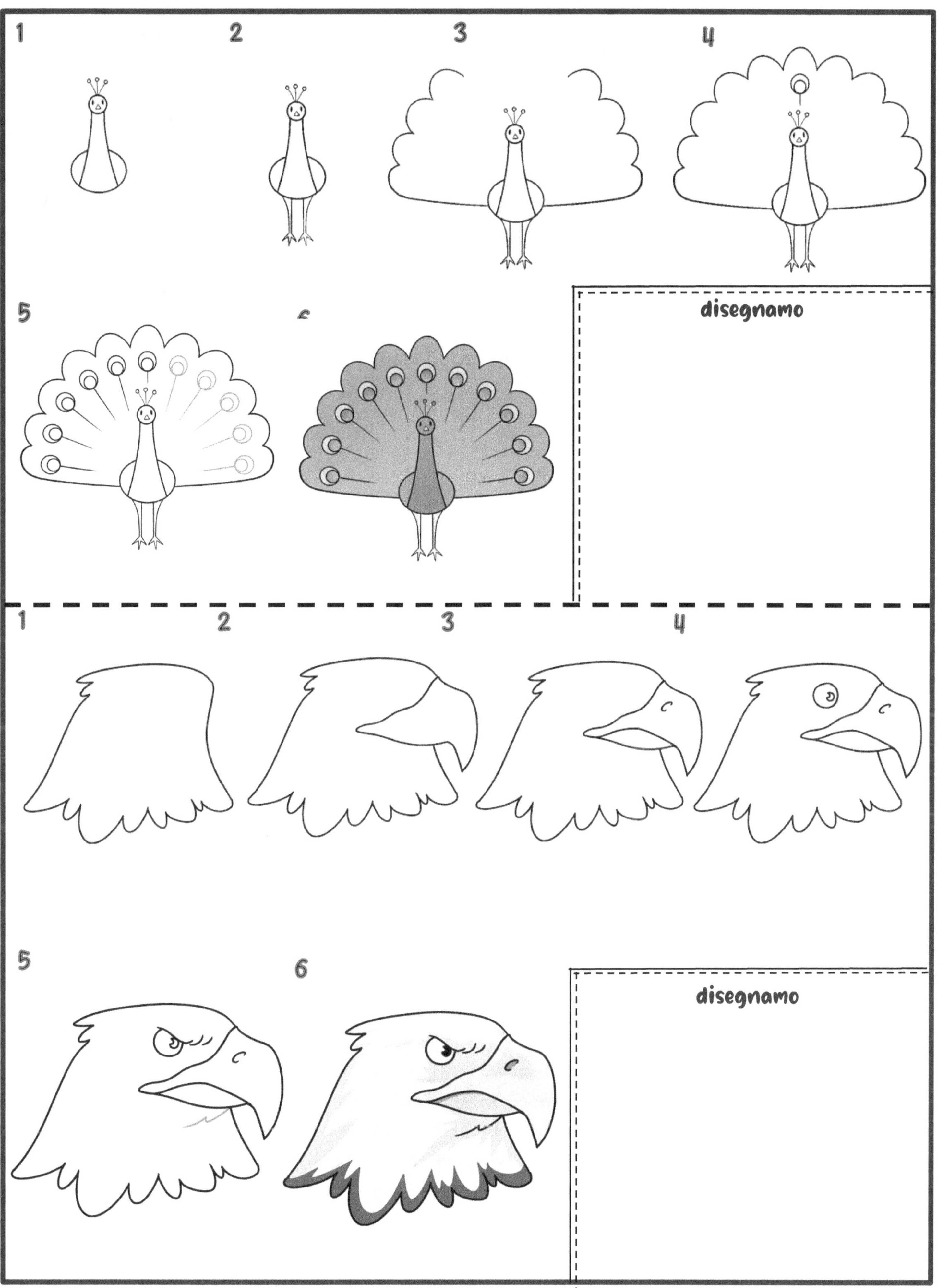

1
2
3
4
disegnamo
5
6
1
2
3
4
5
6
disegnamo

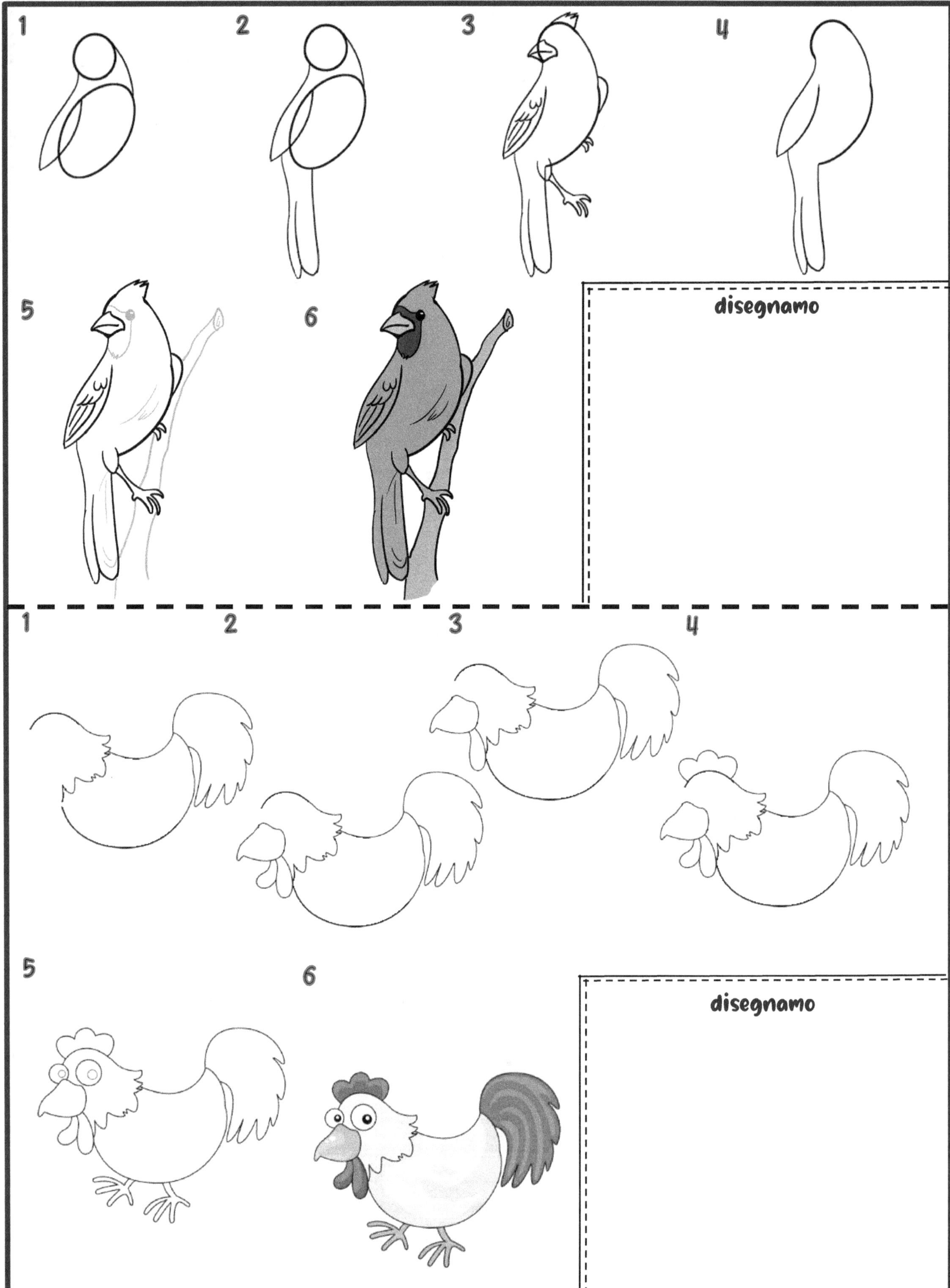

1
2
3
4
disegnamo
5
6
1
2
3
4
5
6
disegnamo

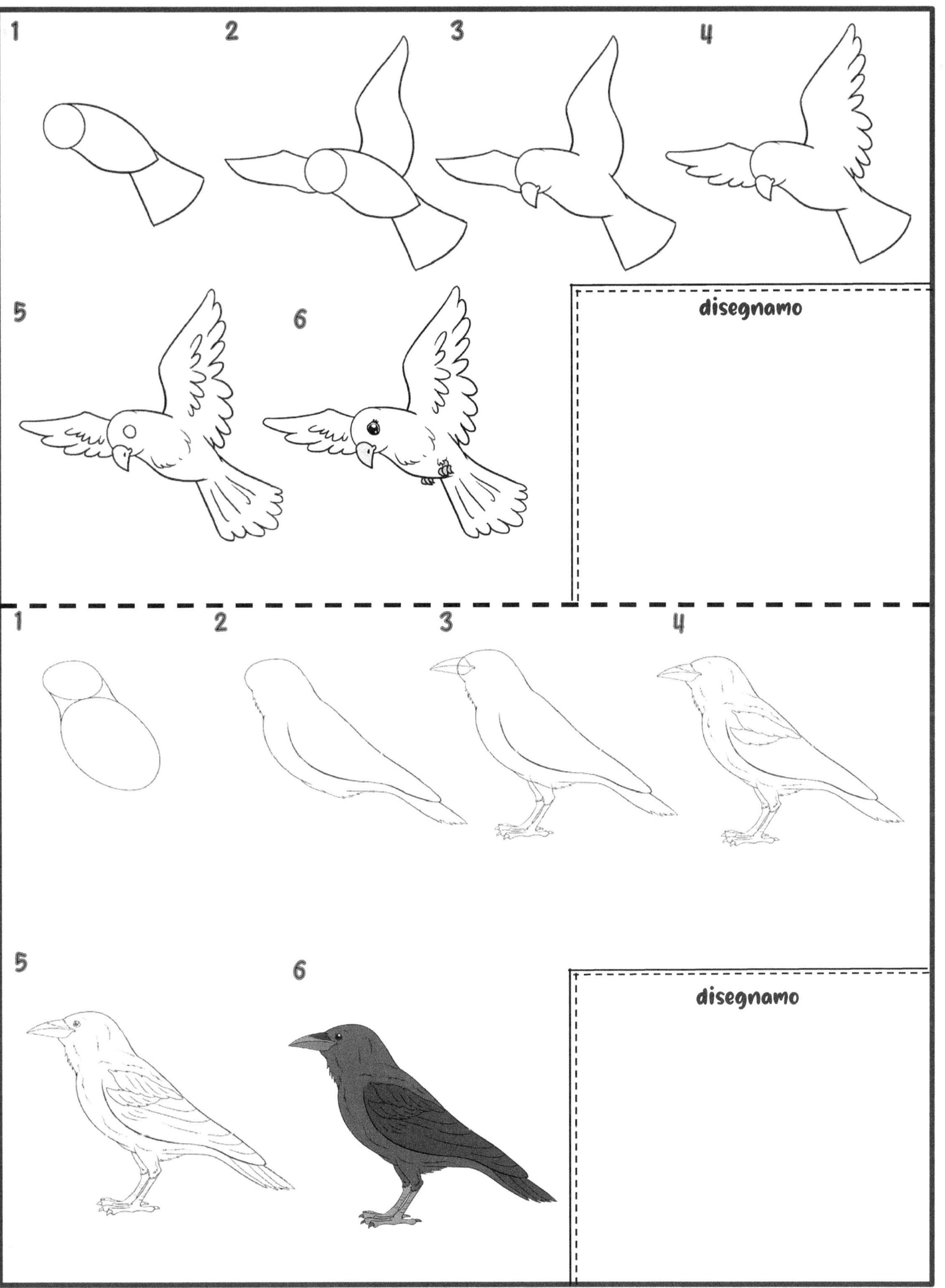
disegnamo
disegnamo

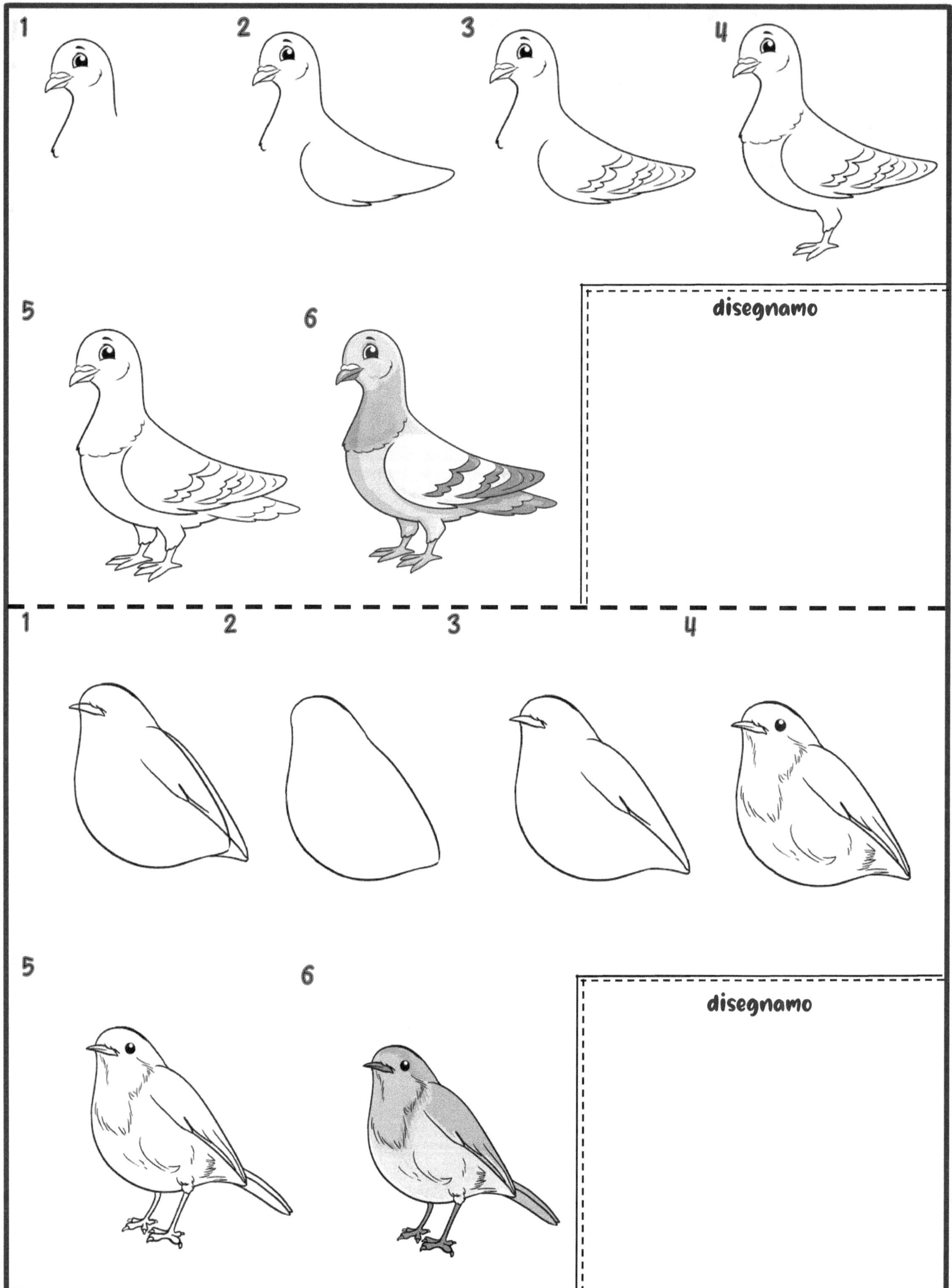

1
2
3
4
disegnamo
5
6
1
2
3
4
5
6
disegnamo

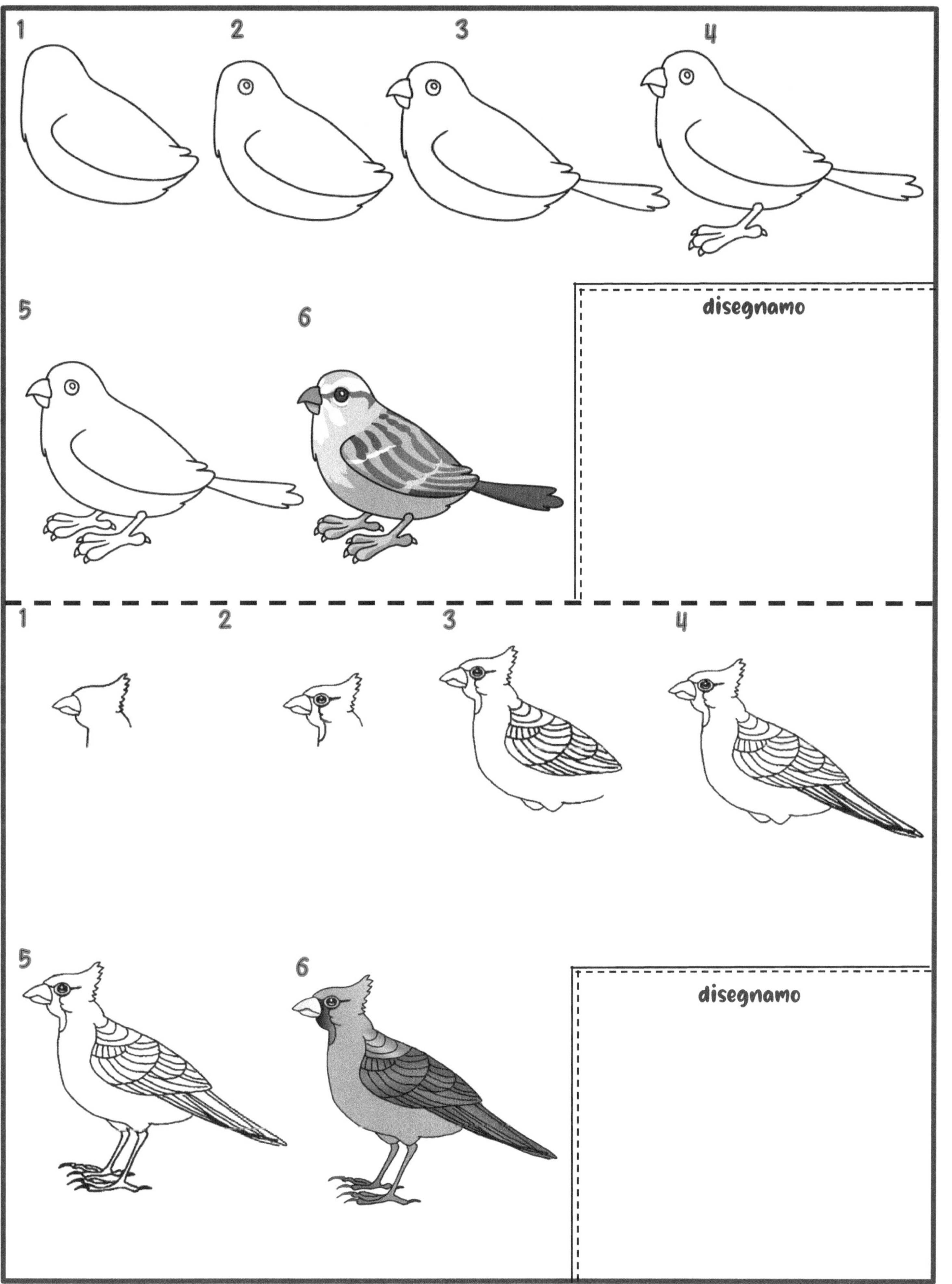

1
2
3
4
5
6
disegnamo
1
2
3
4
5
6
disegnamo

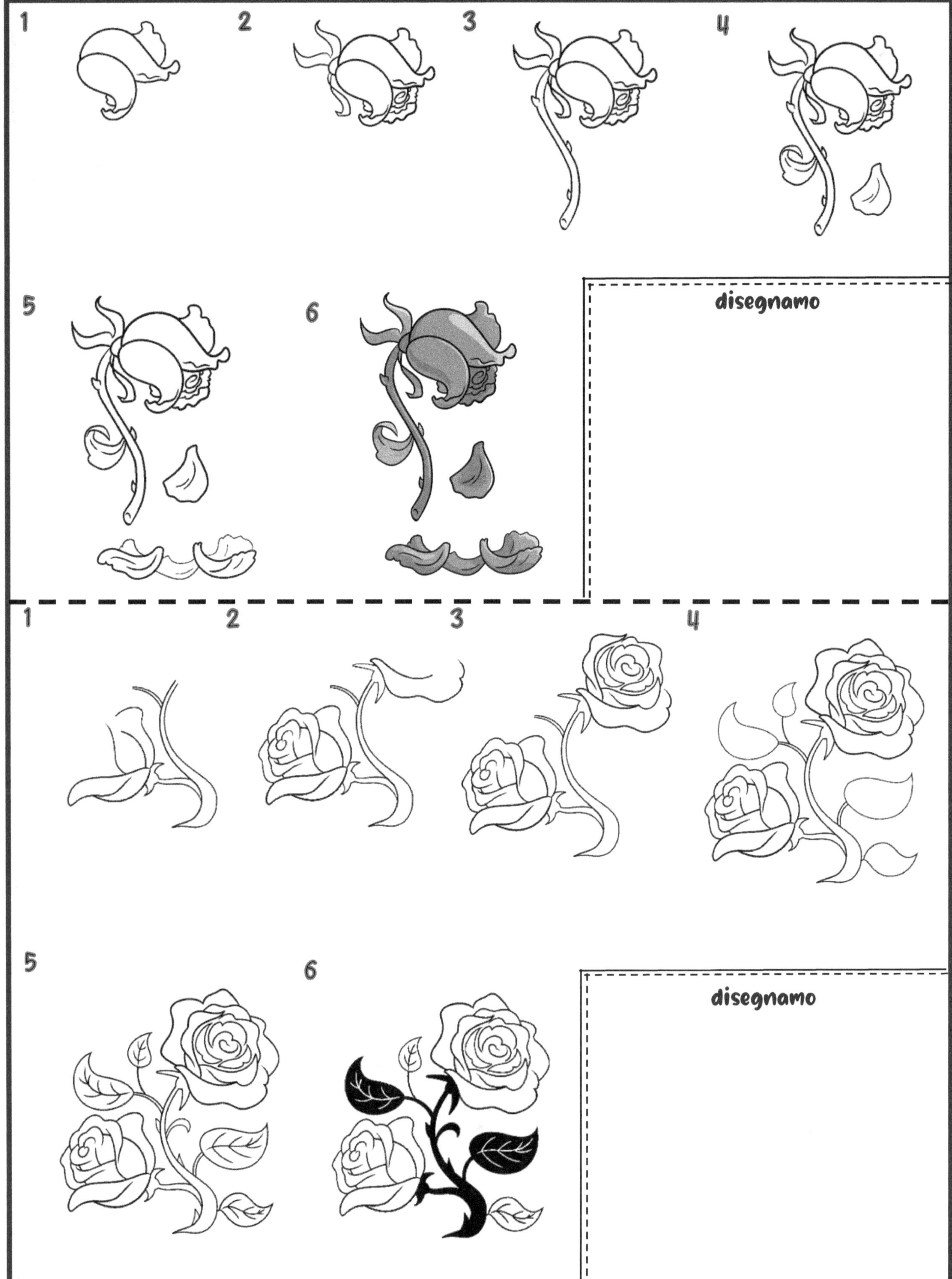

1
2
3
4
5
6
disegnamo
1
2
3
4
5
6
disegnamo

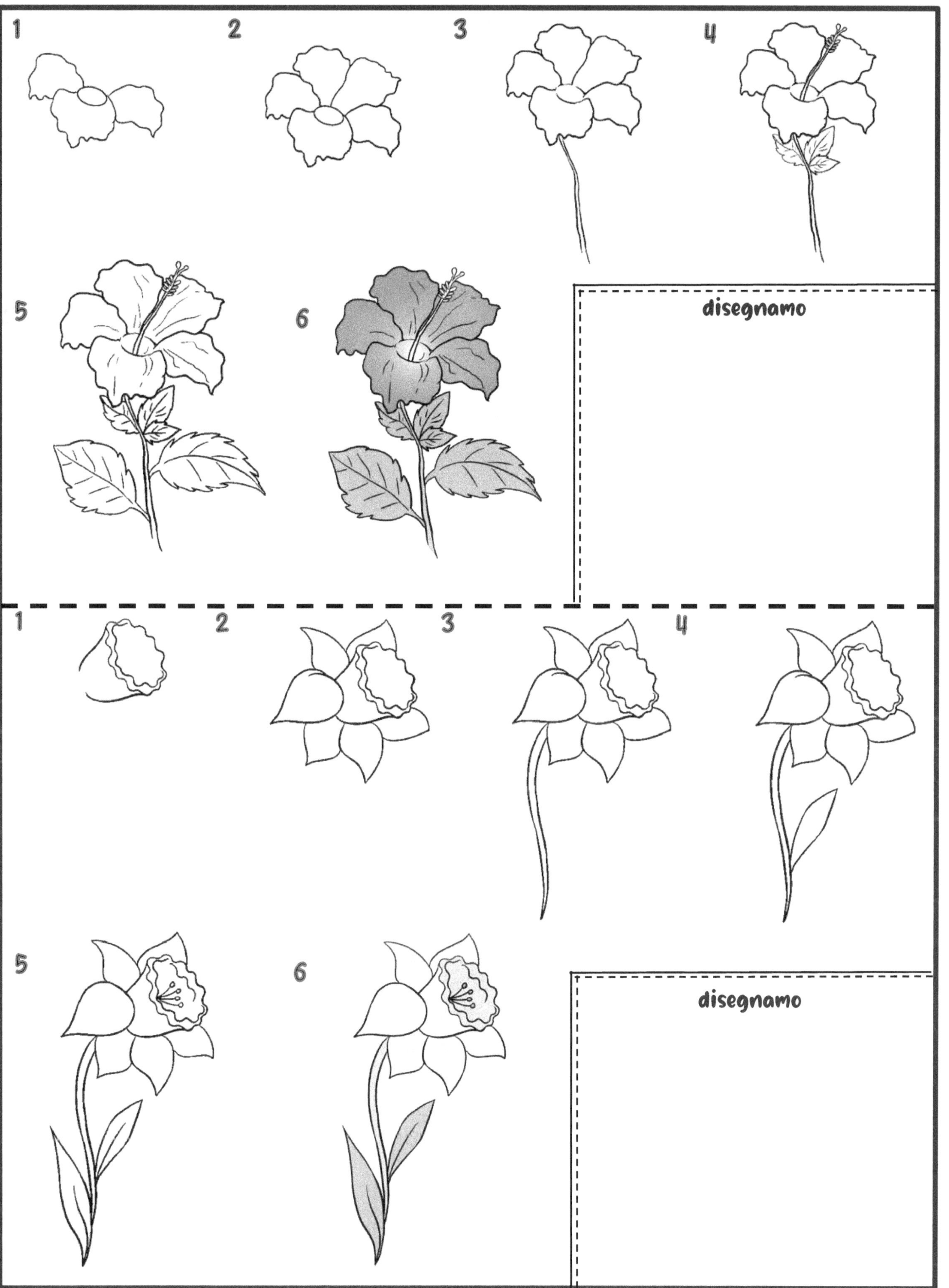
disegnamo
disegnamo

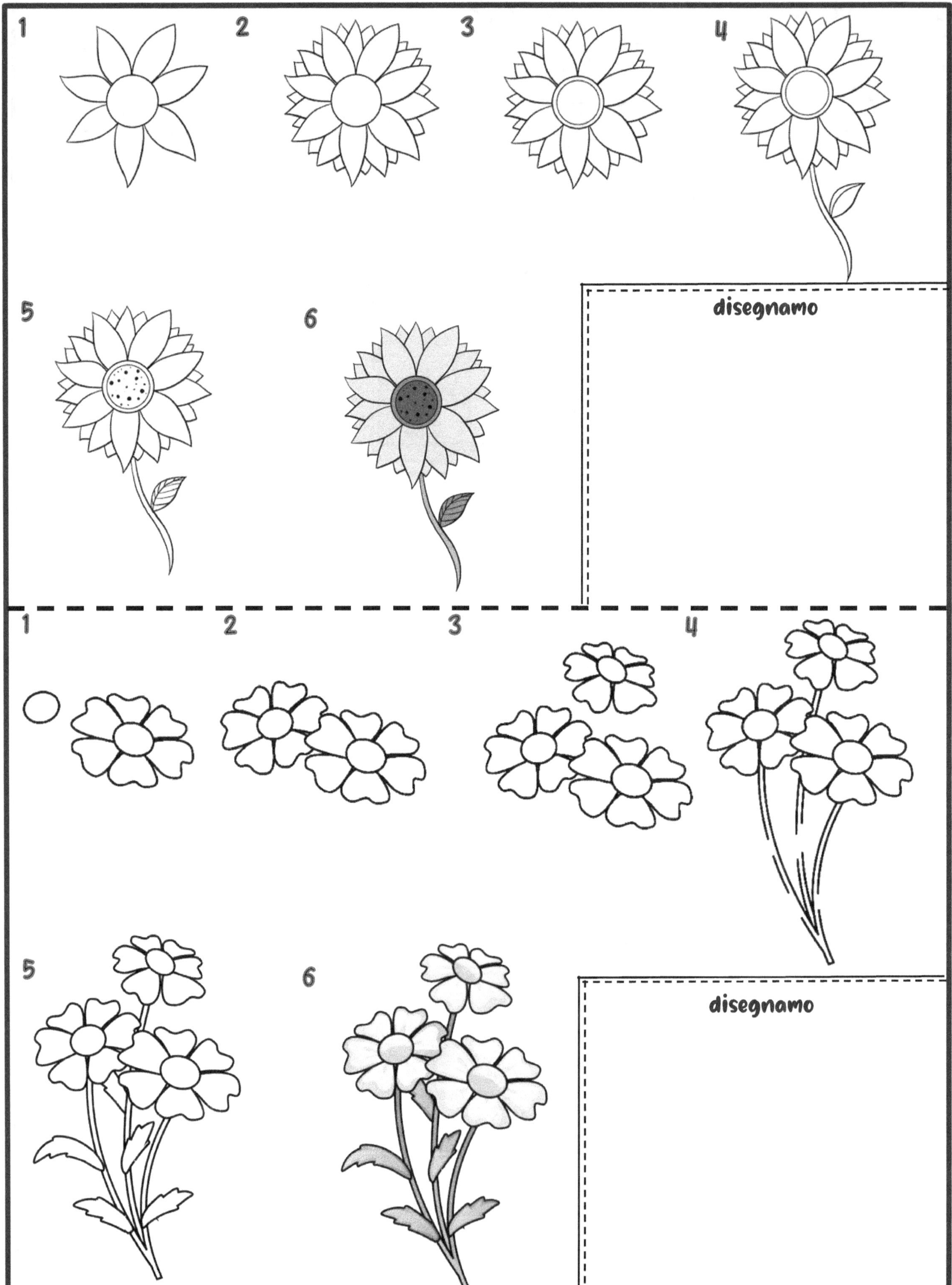
1
2
3
4
disegnamo
5
6
1
2
3
4
disegnamo
5
6

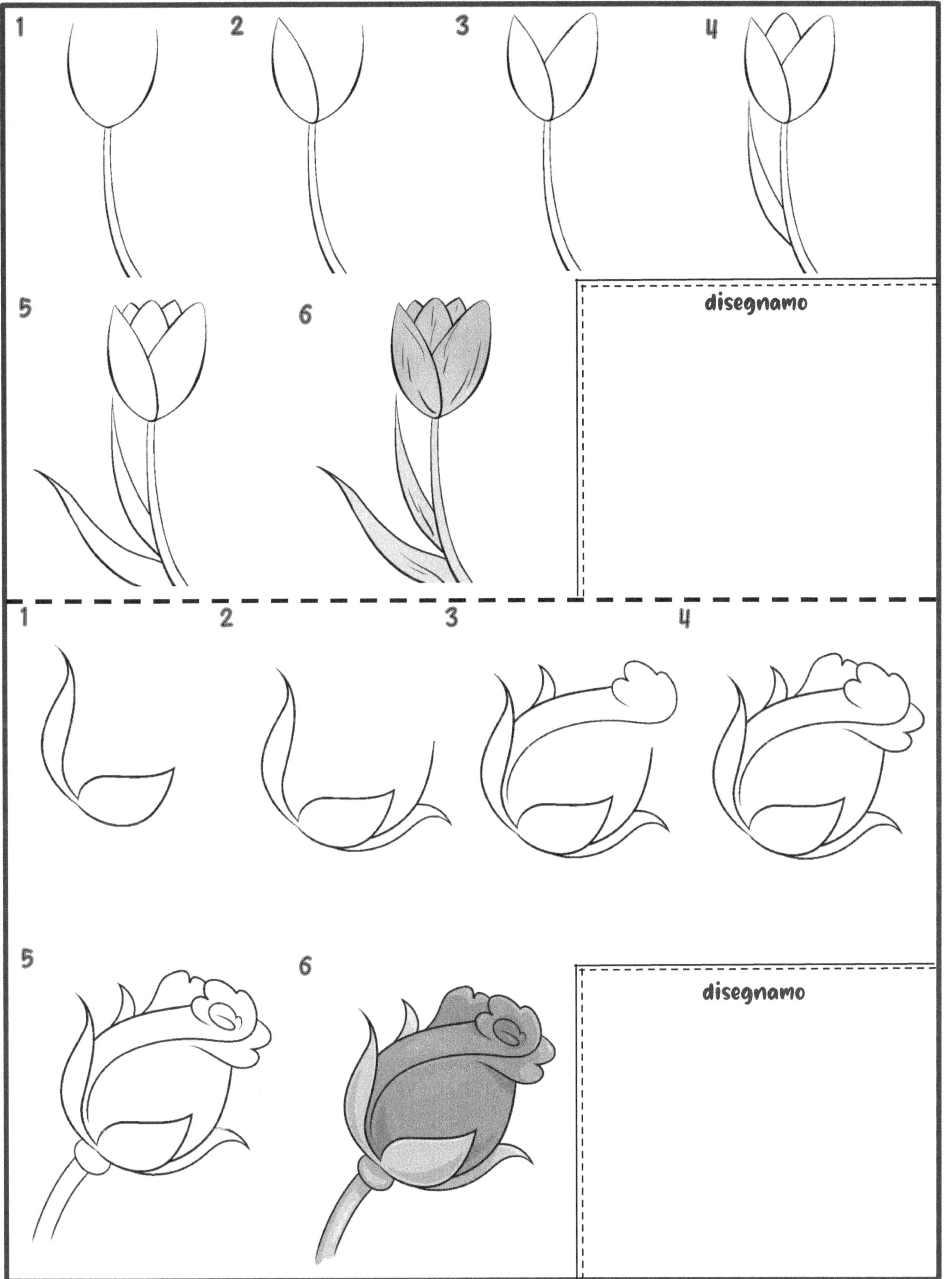

1
2
3
4
disegnamo
5
6
1
2
3
4
5
6
disegnamo

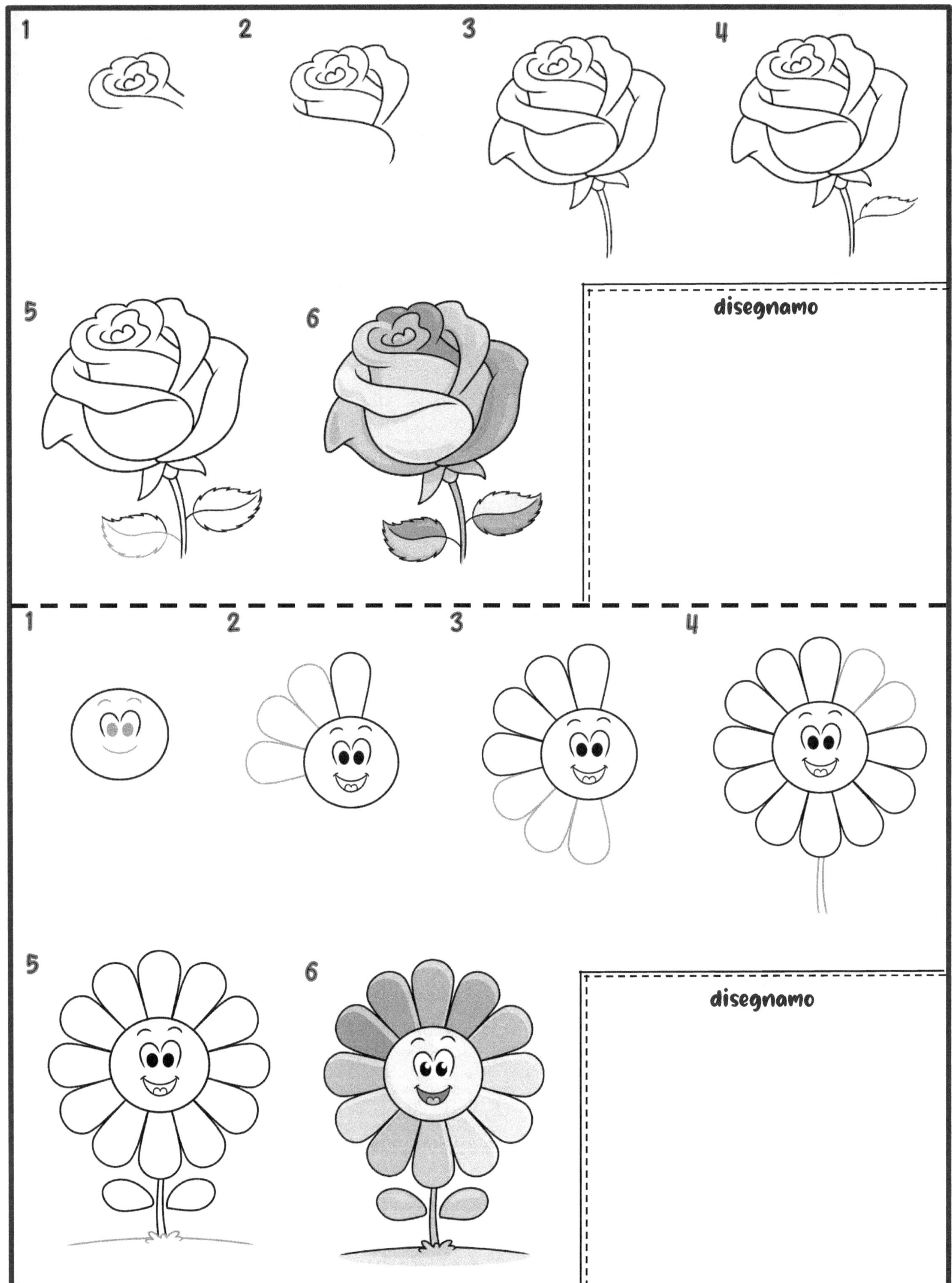

1
2
3
4
disegnamo
5
6
1
2
3
4
disegnamo
5
6

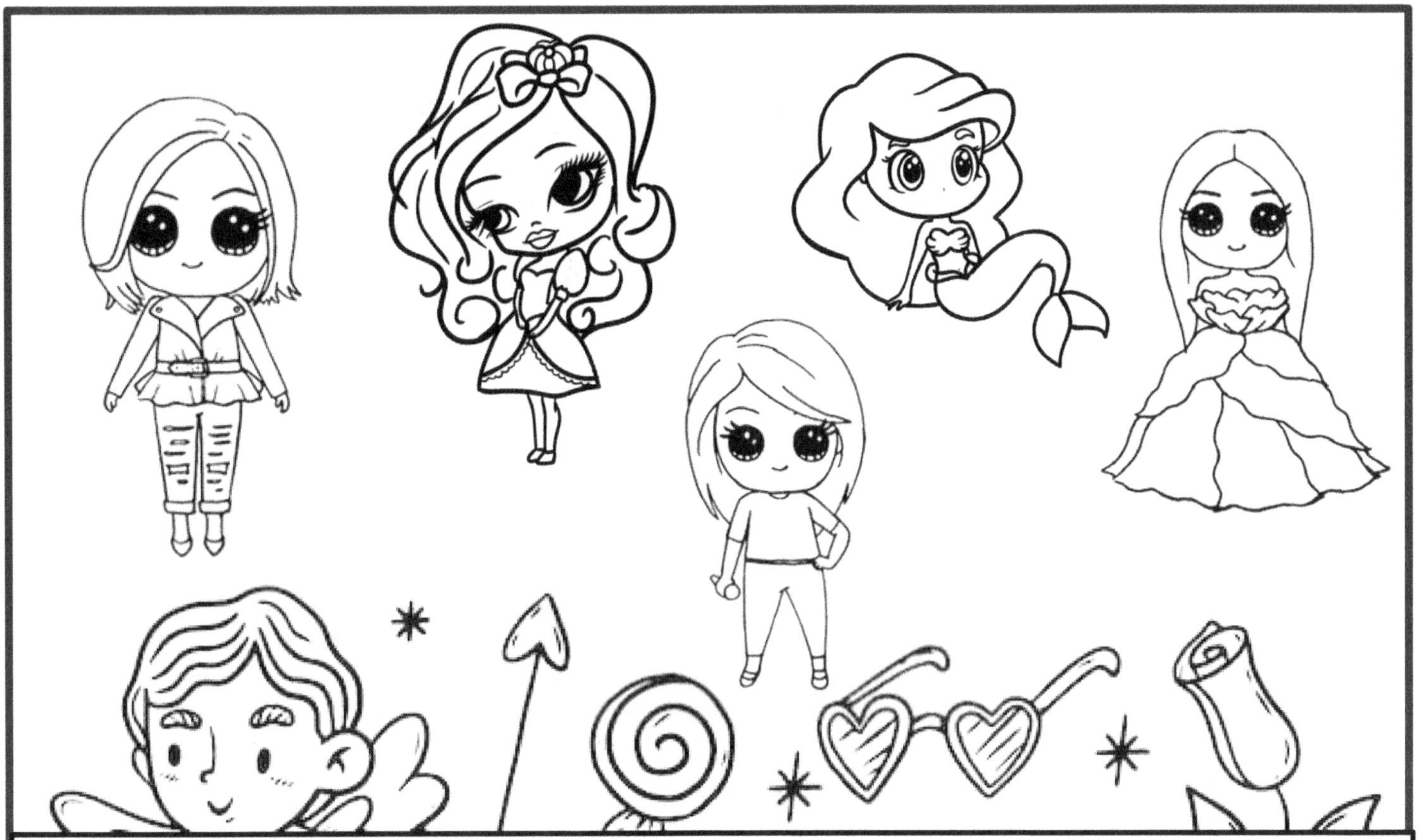

Belle ragazze, principesse e sirene.

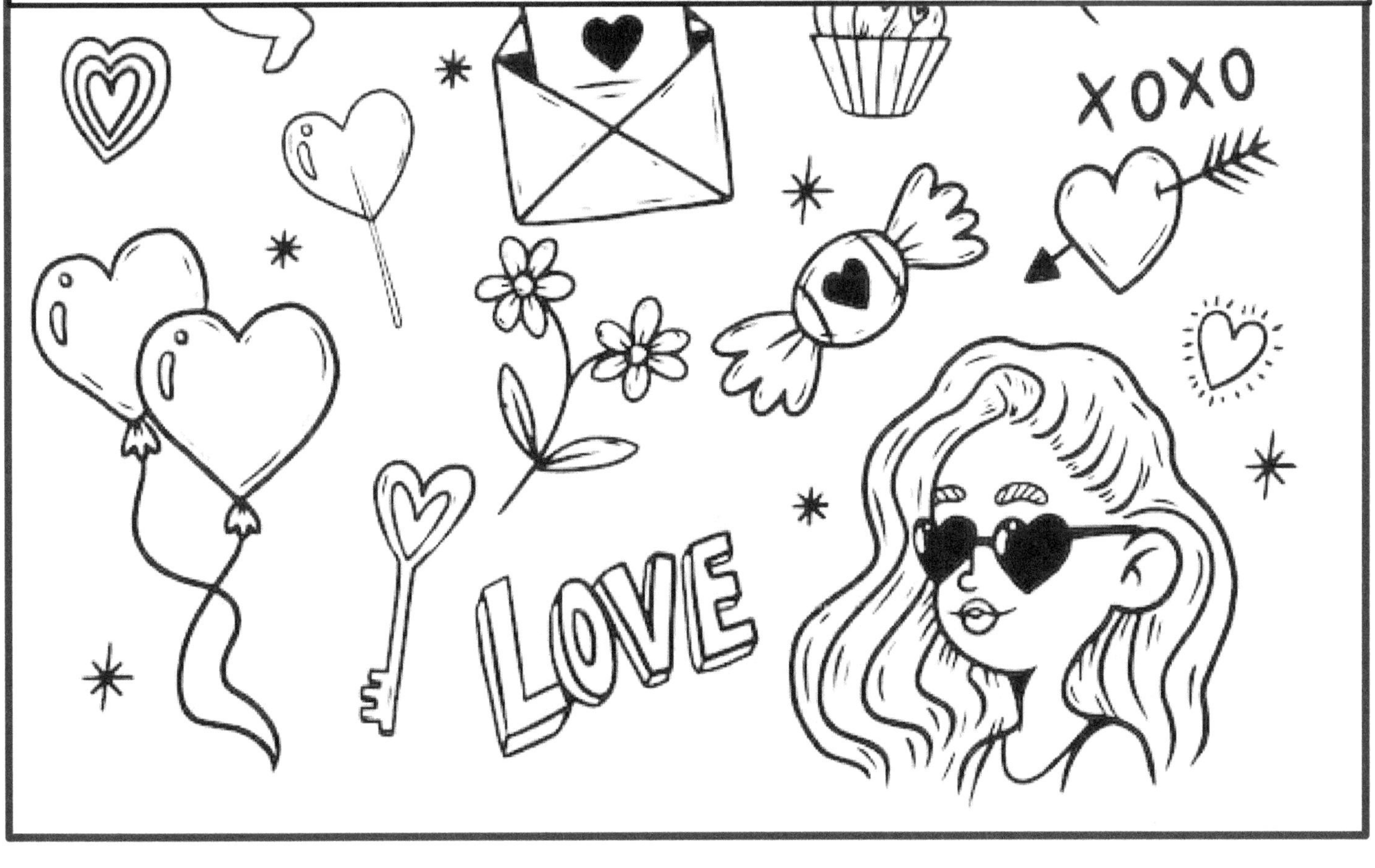

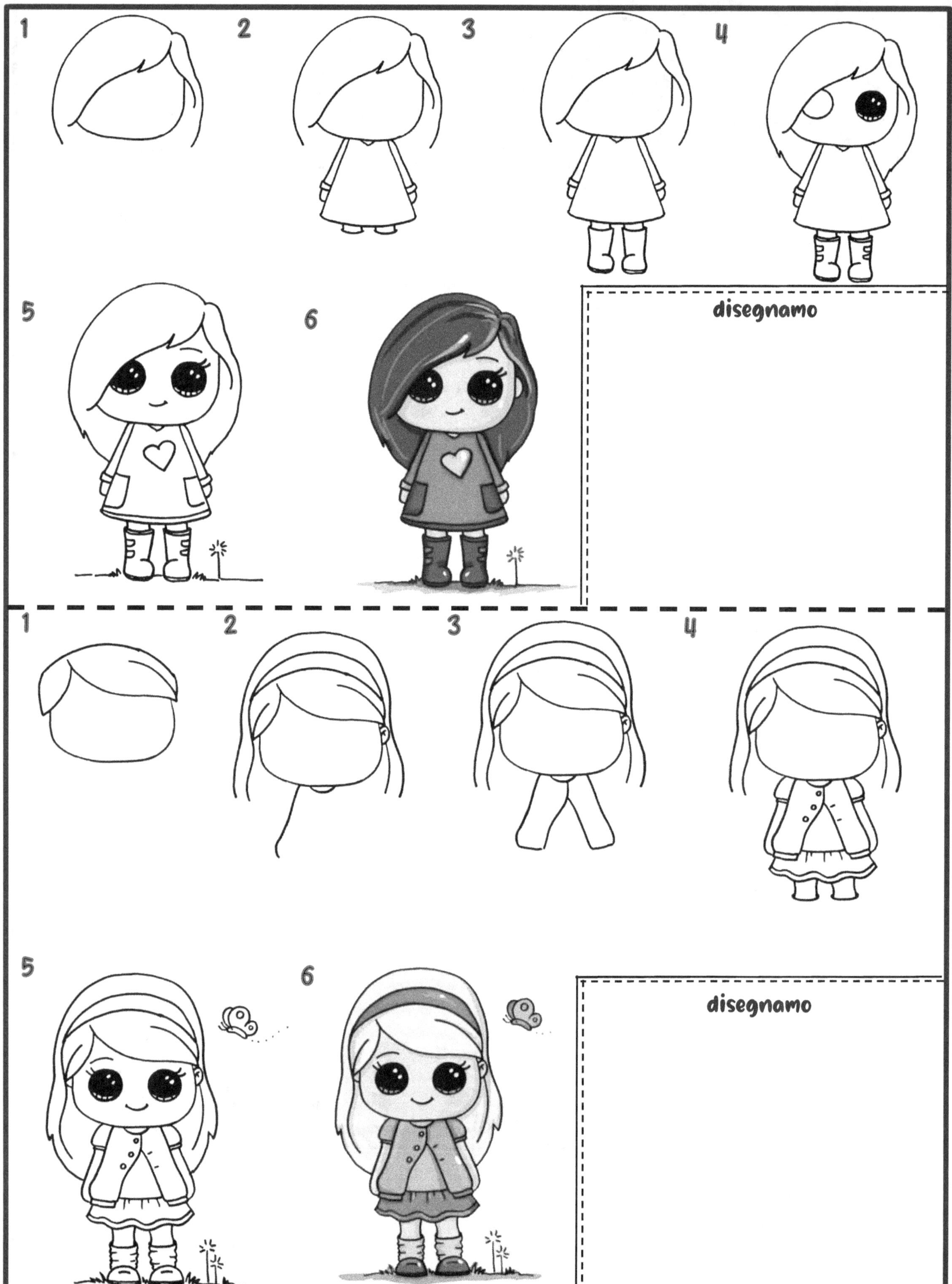

1
2
3
4
disegnamo
5
6
1
2
3
4
5
6
disegnamo

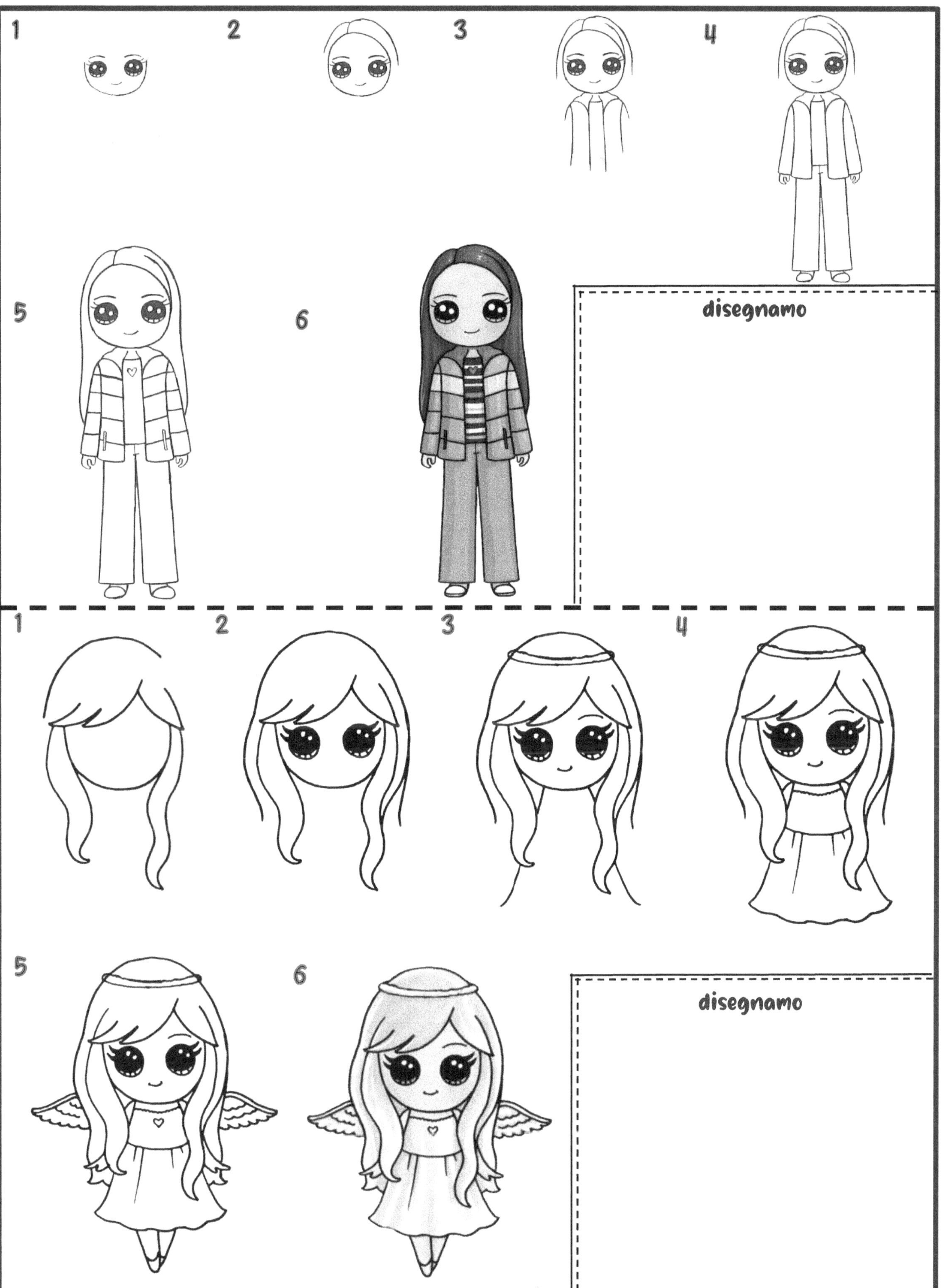

1
2
3
4
5
6
disegnamo
1
2
3
4
5
6
disegnamo

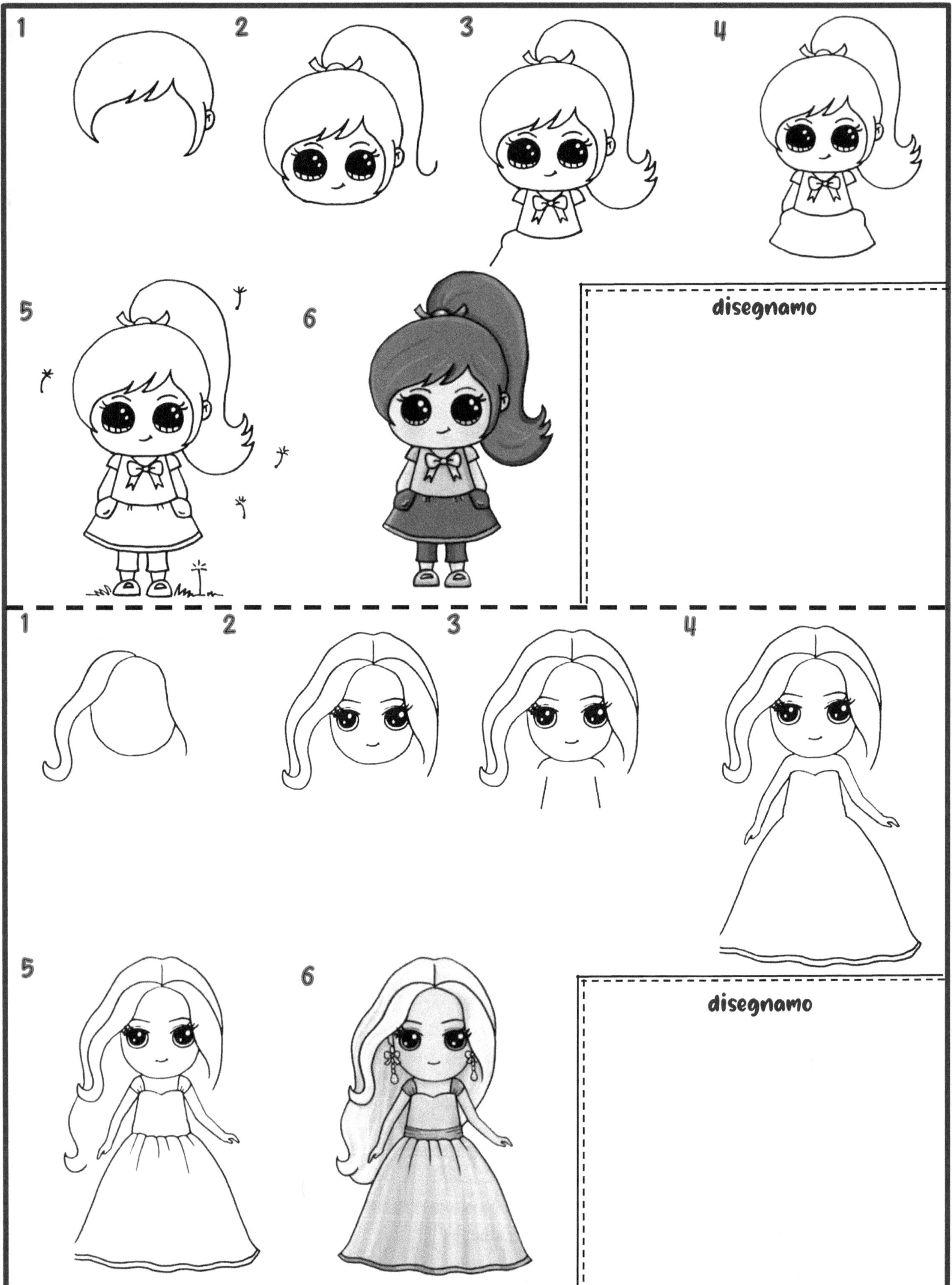
1
2
3
4
5
6
disegnamo
1
2
3
4
5
6
disegnamo

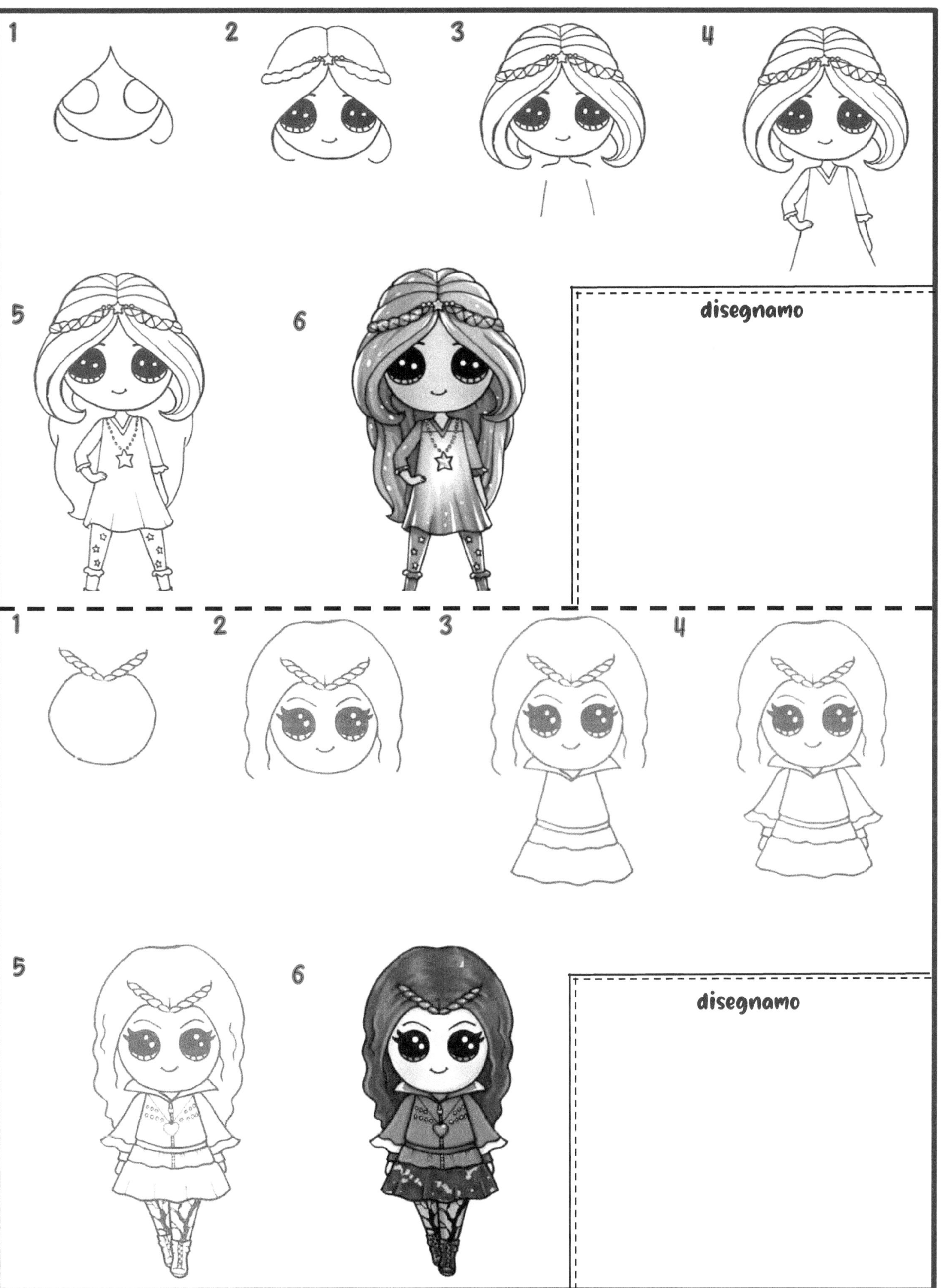

1
2
3
4
disegnamo
5
6
1
2
3
4
disegnamo
5
6

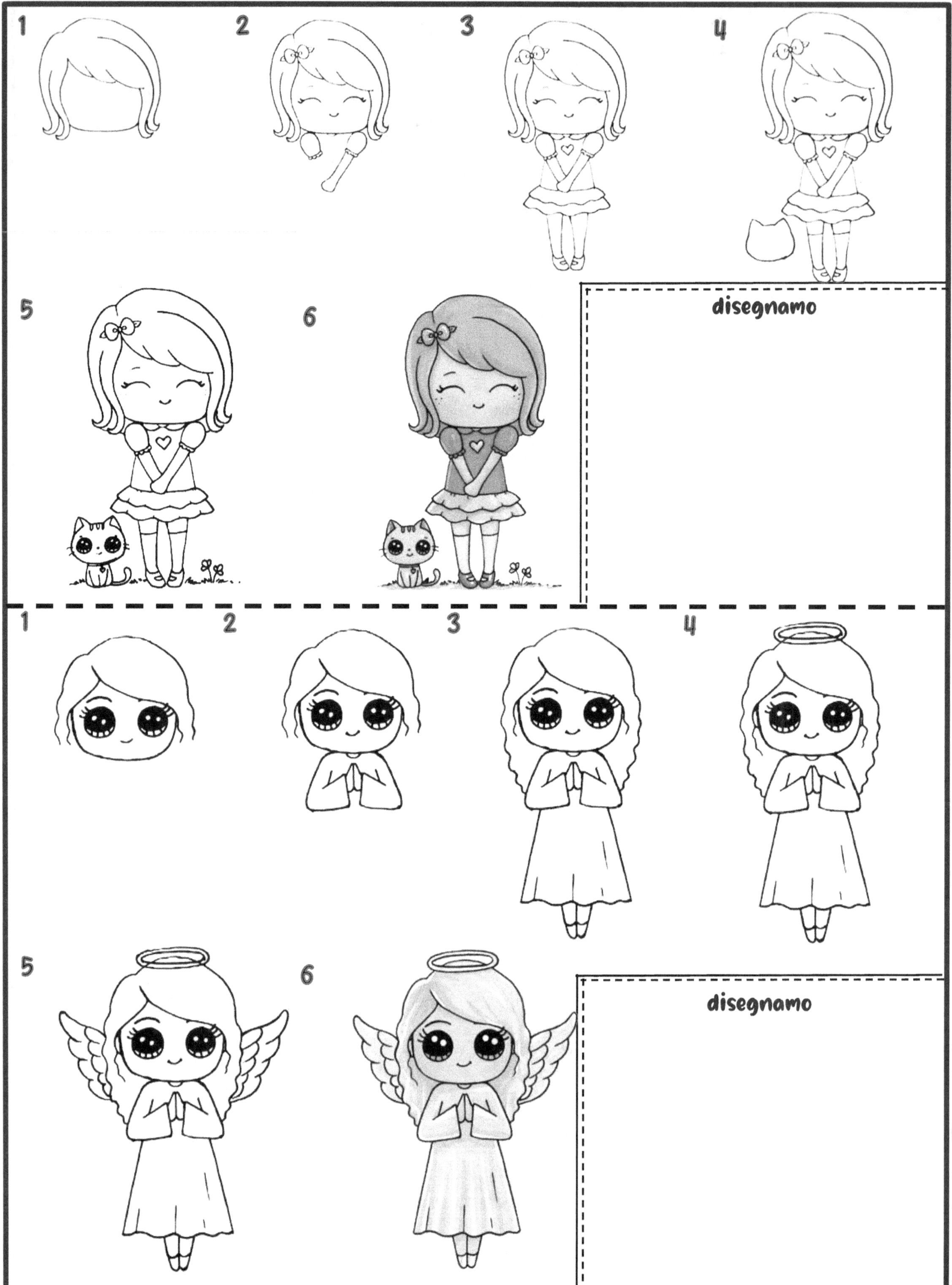

disegnamo
disegnamo

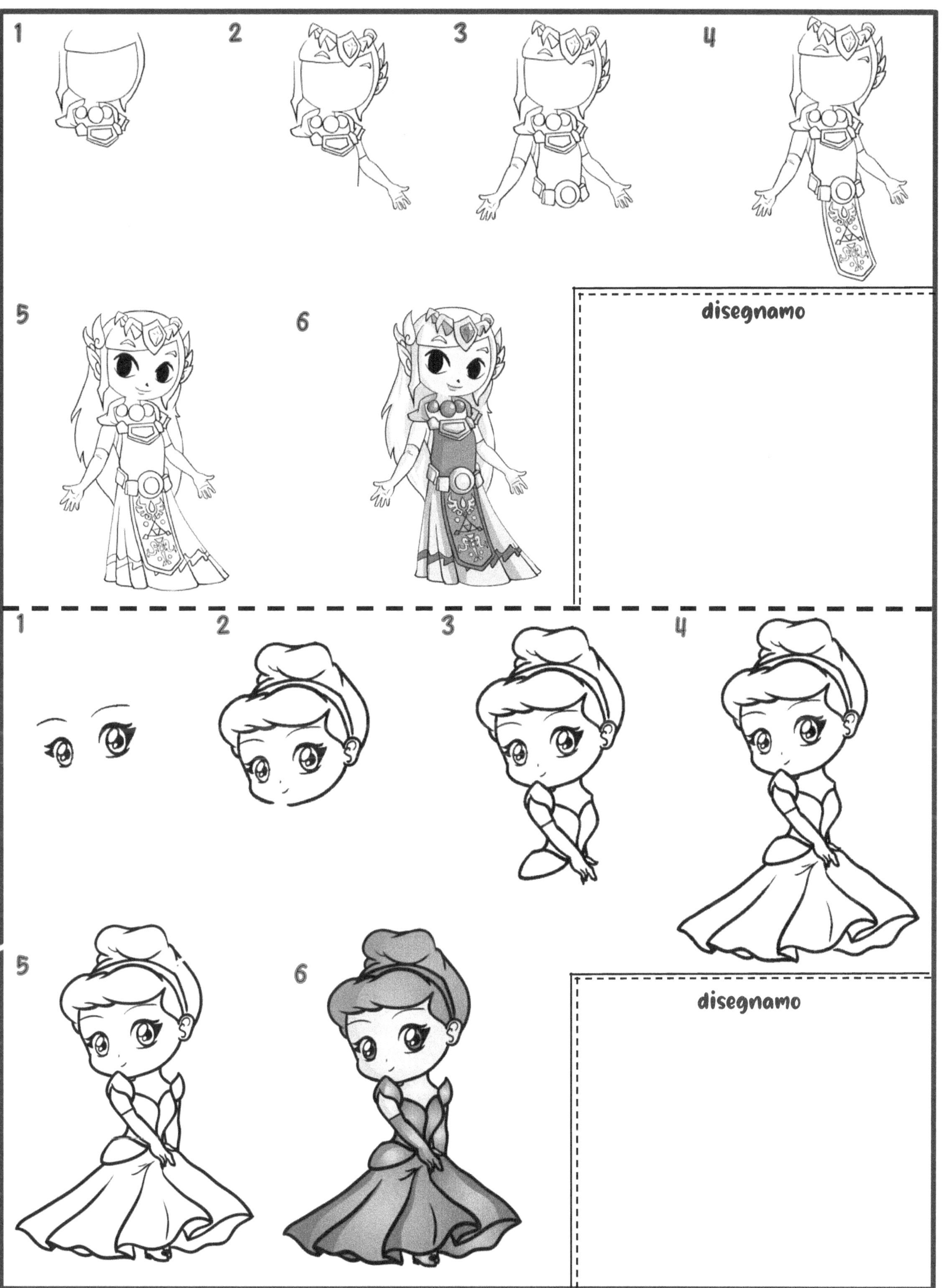

1
2
3
4
disegnamo
5
6
1
2
3
4
disegnamo
5
6

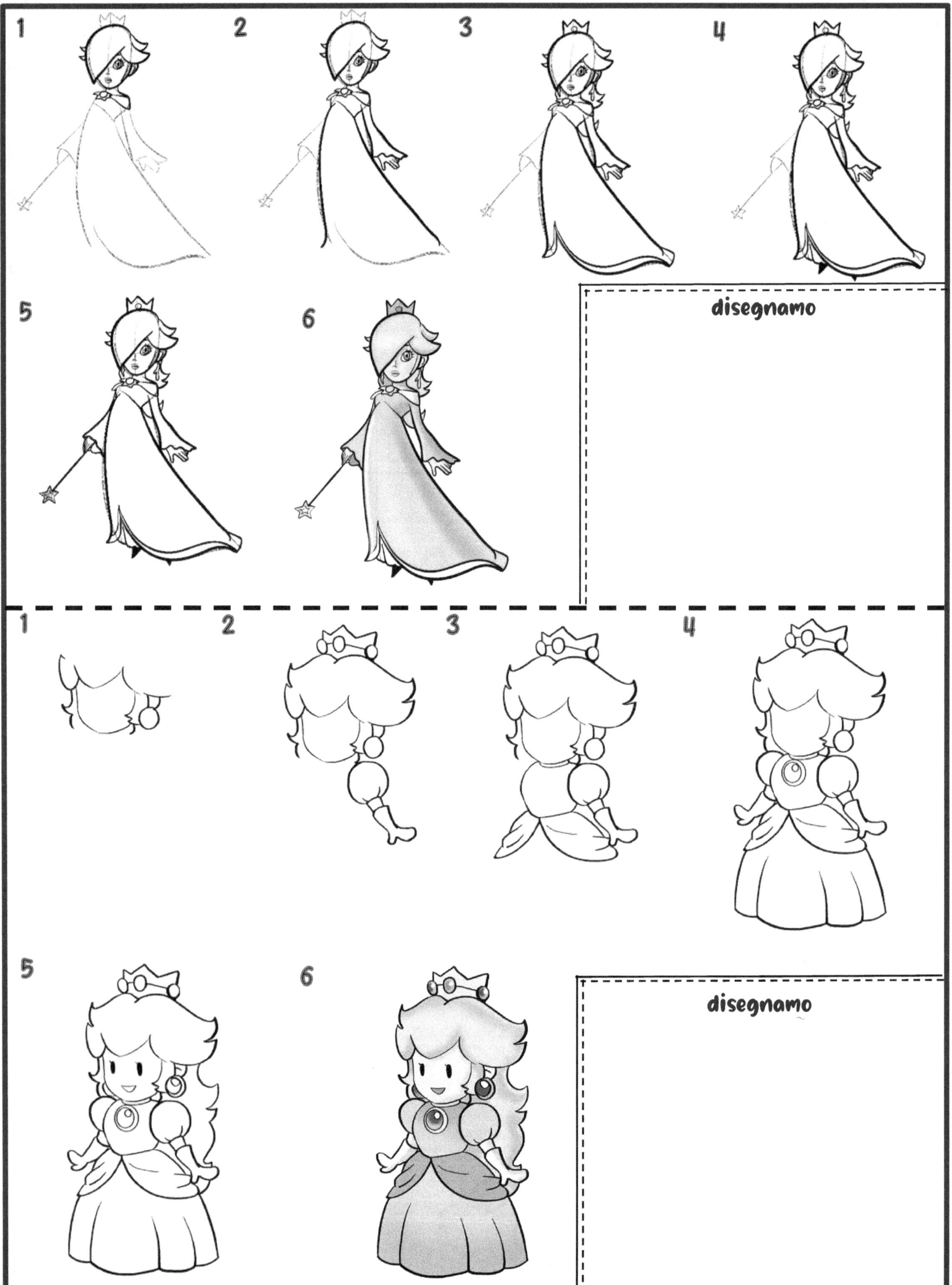

1
2
3
4
disegnamo
5
6
1
2
3
4
5
6
disegnamo

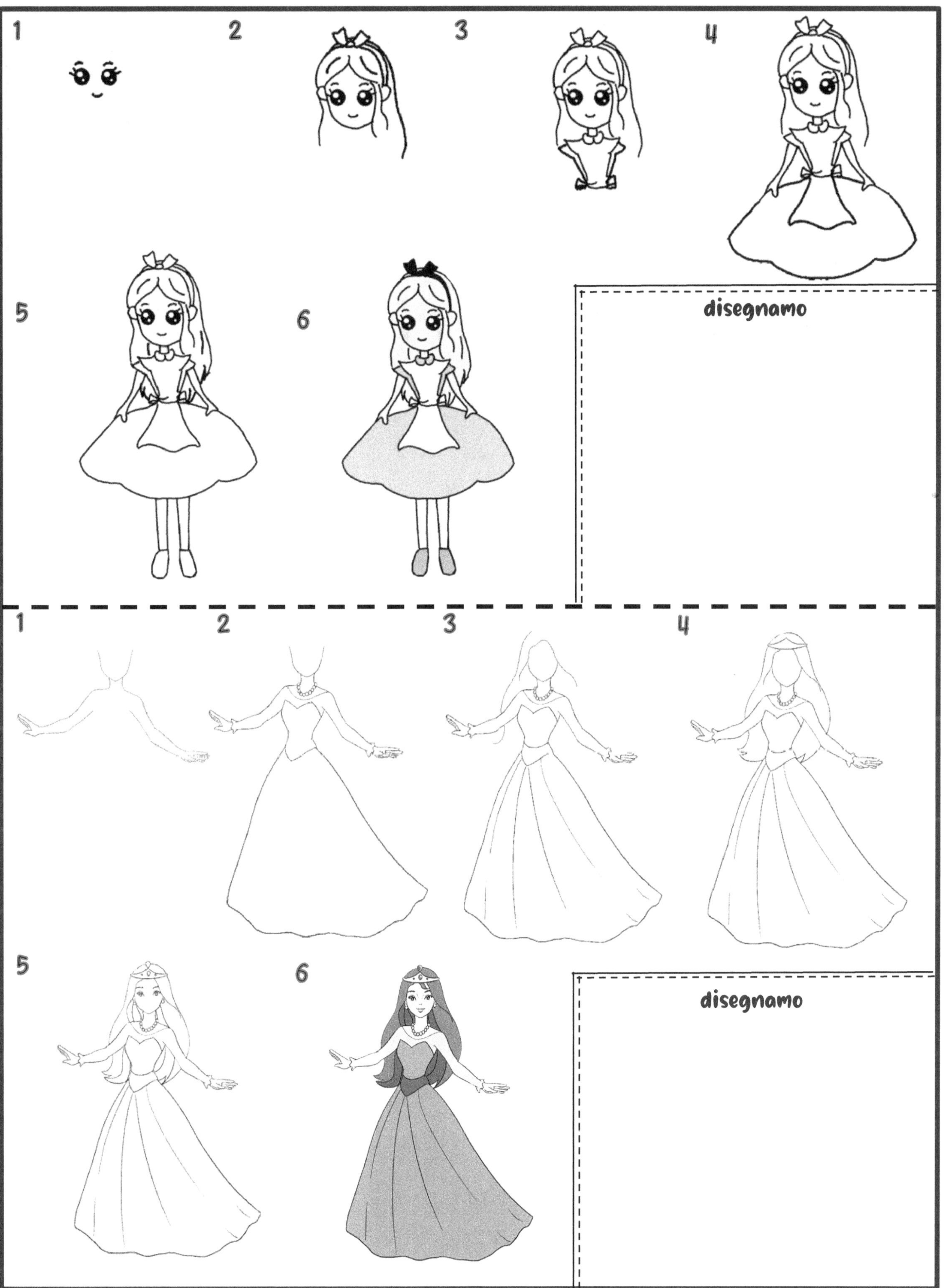
disegnamo
disegnamo

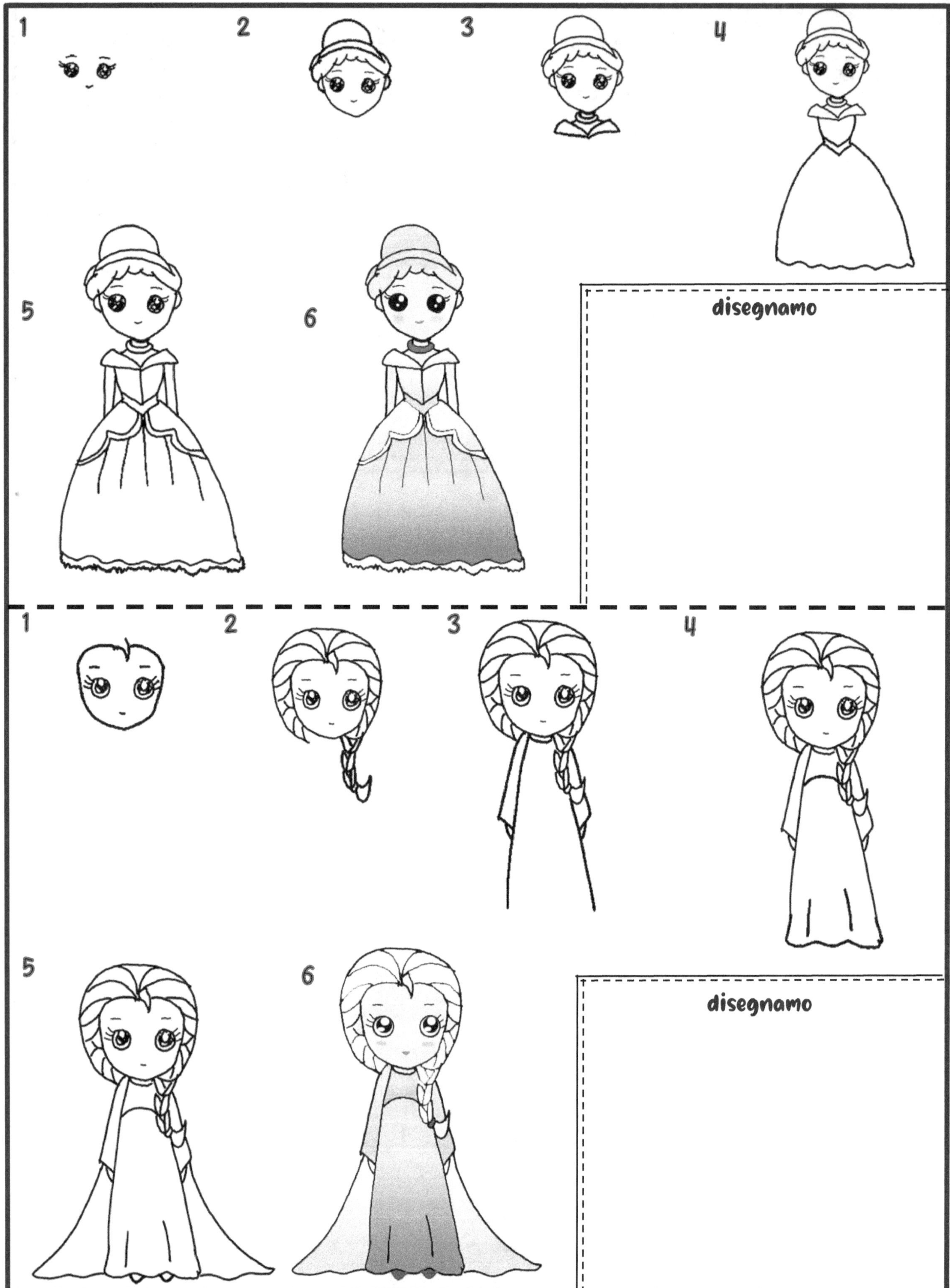

1
2
3
4
5
6
disegnamo
1
2
3
4
5
6
disegnamo

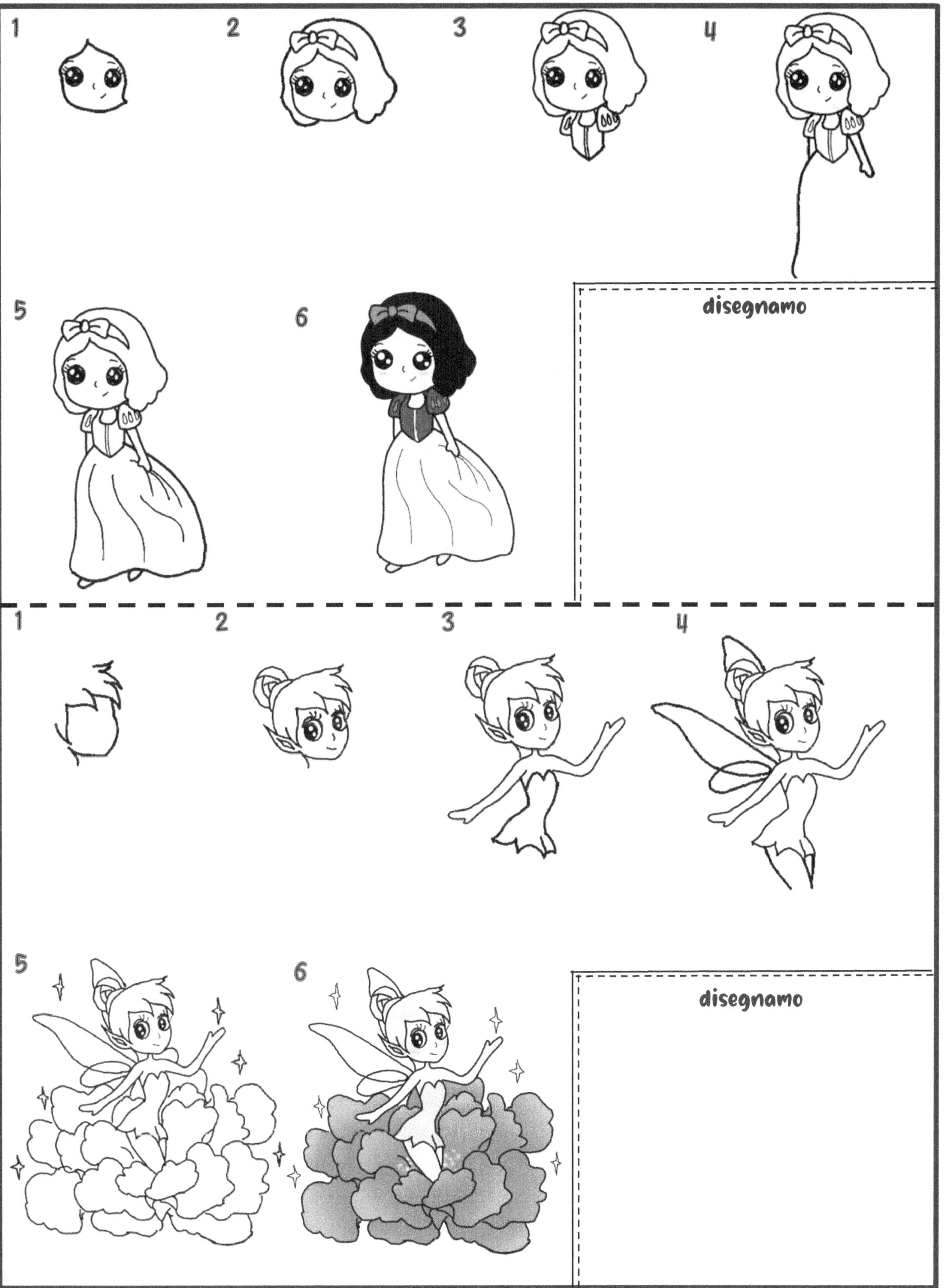
disegnamo
disegnamo

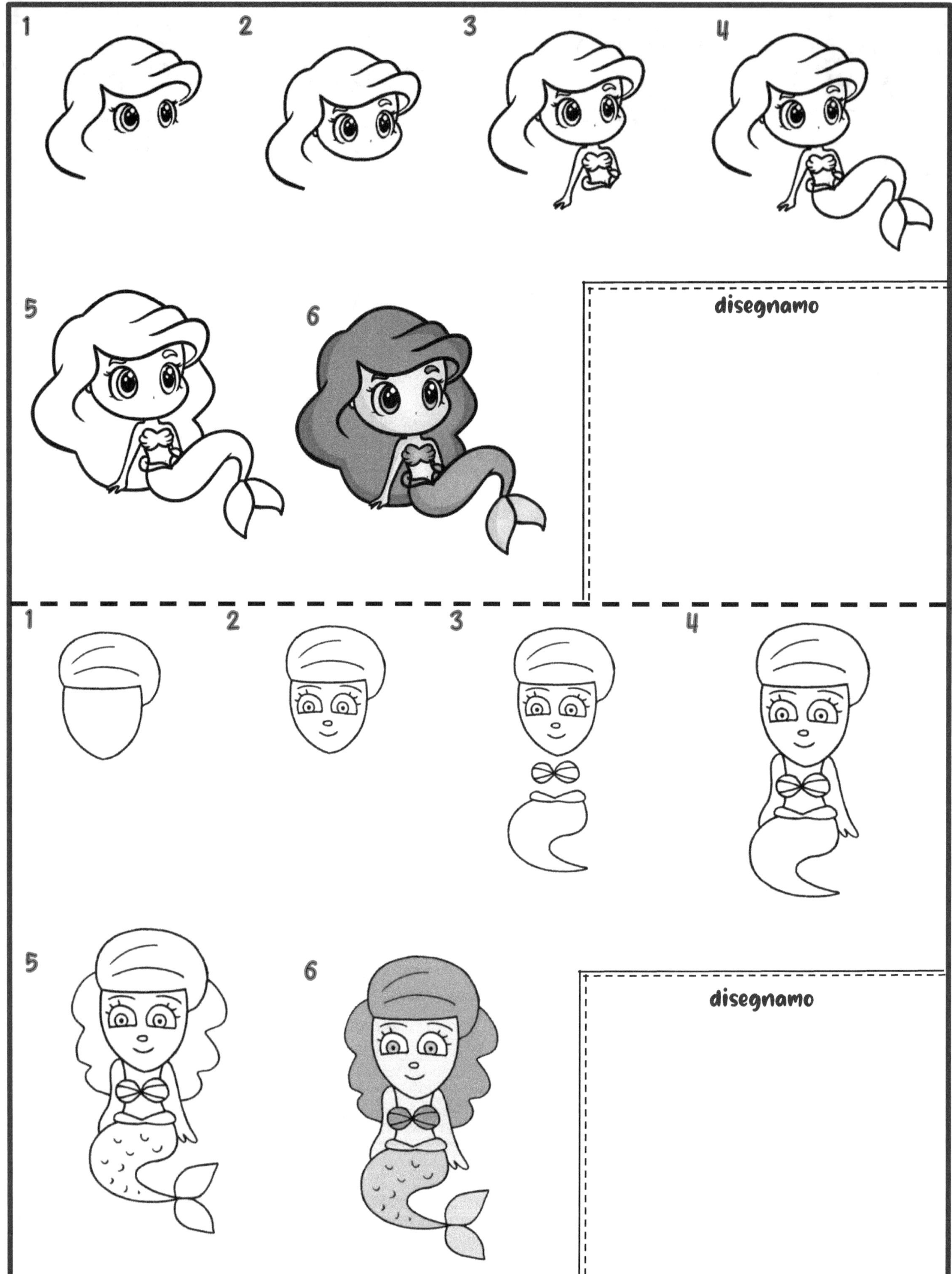

1
2
3
4
5
6
disegnamo
1
2
3
4
5
6
disegnamo

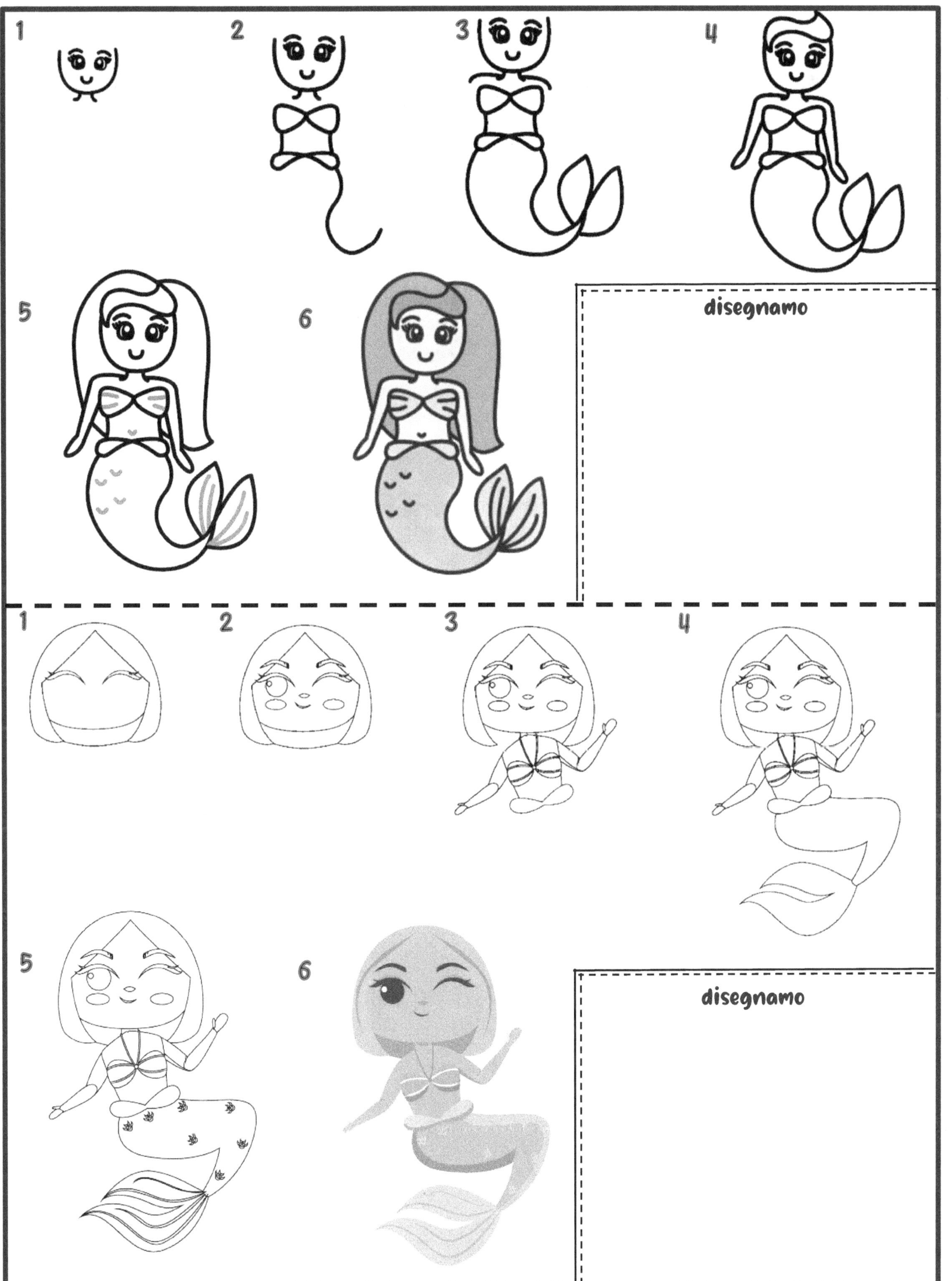
1
2
3
4
disegnamo
5
6
1
2
3
4
5
6
disegnamo

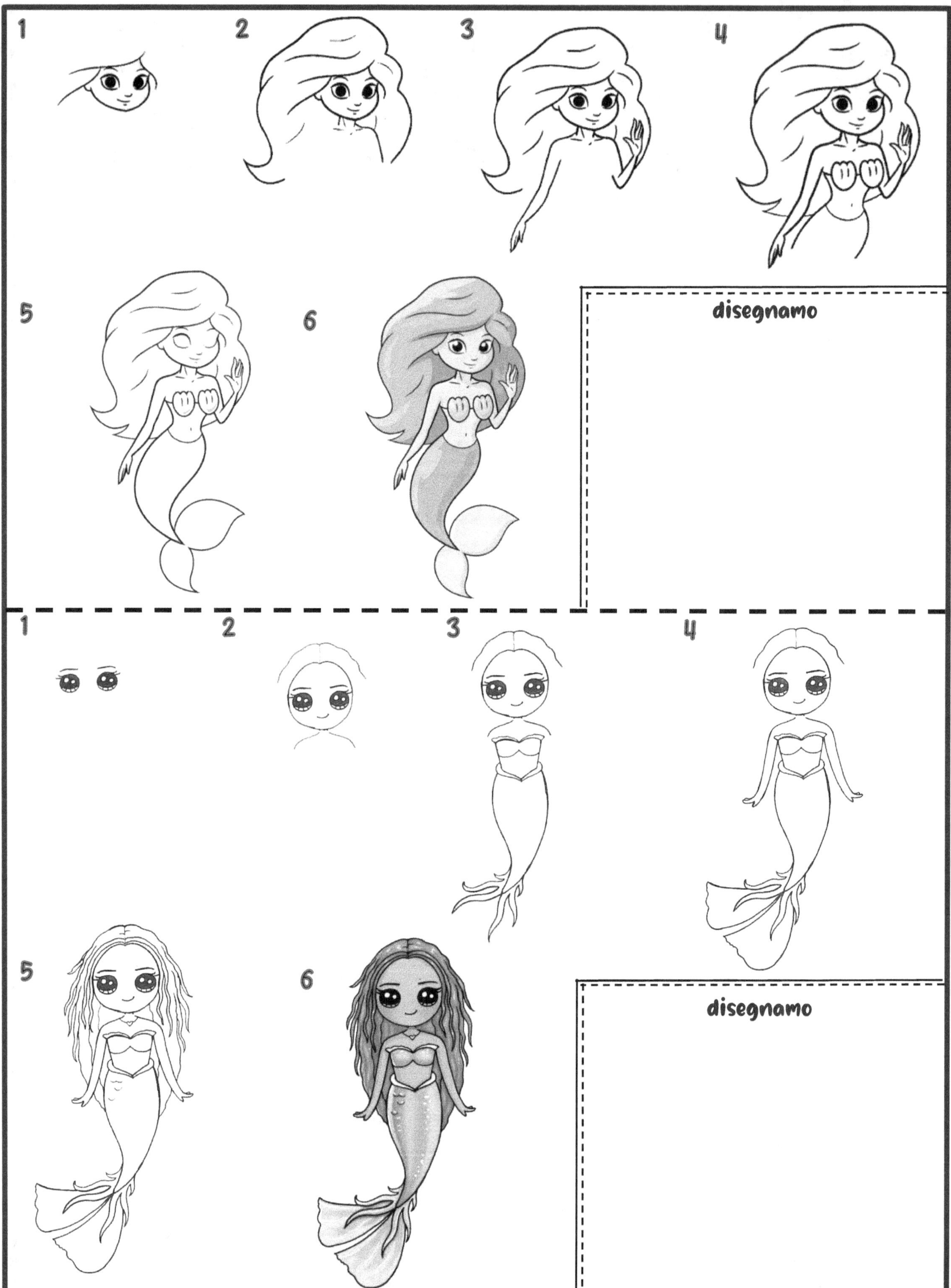
disegnamo
disegnamo

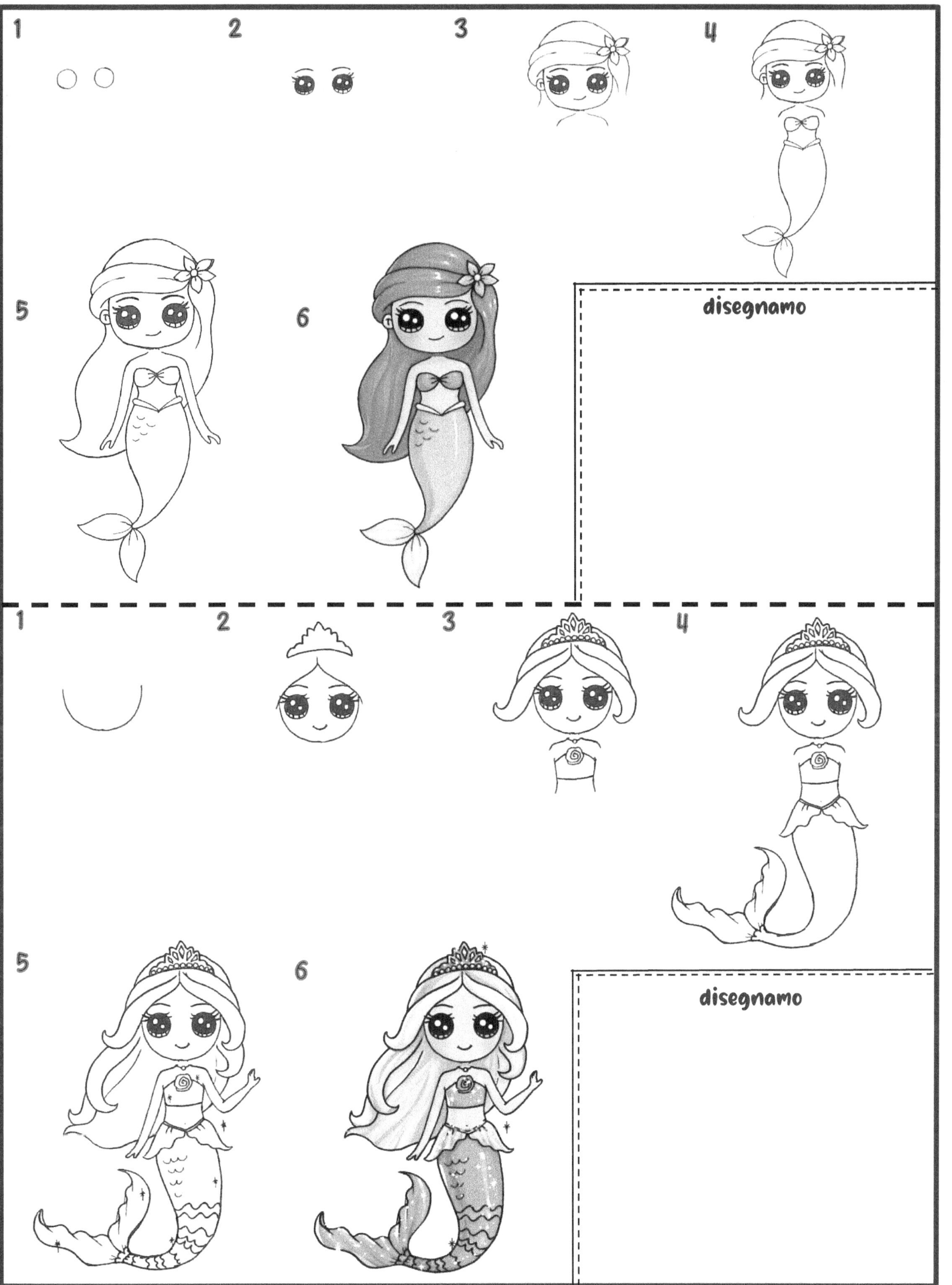

1
2
3
4
disegnamo
5
6
1
2
3
4
disegnamo
5
6

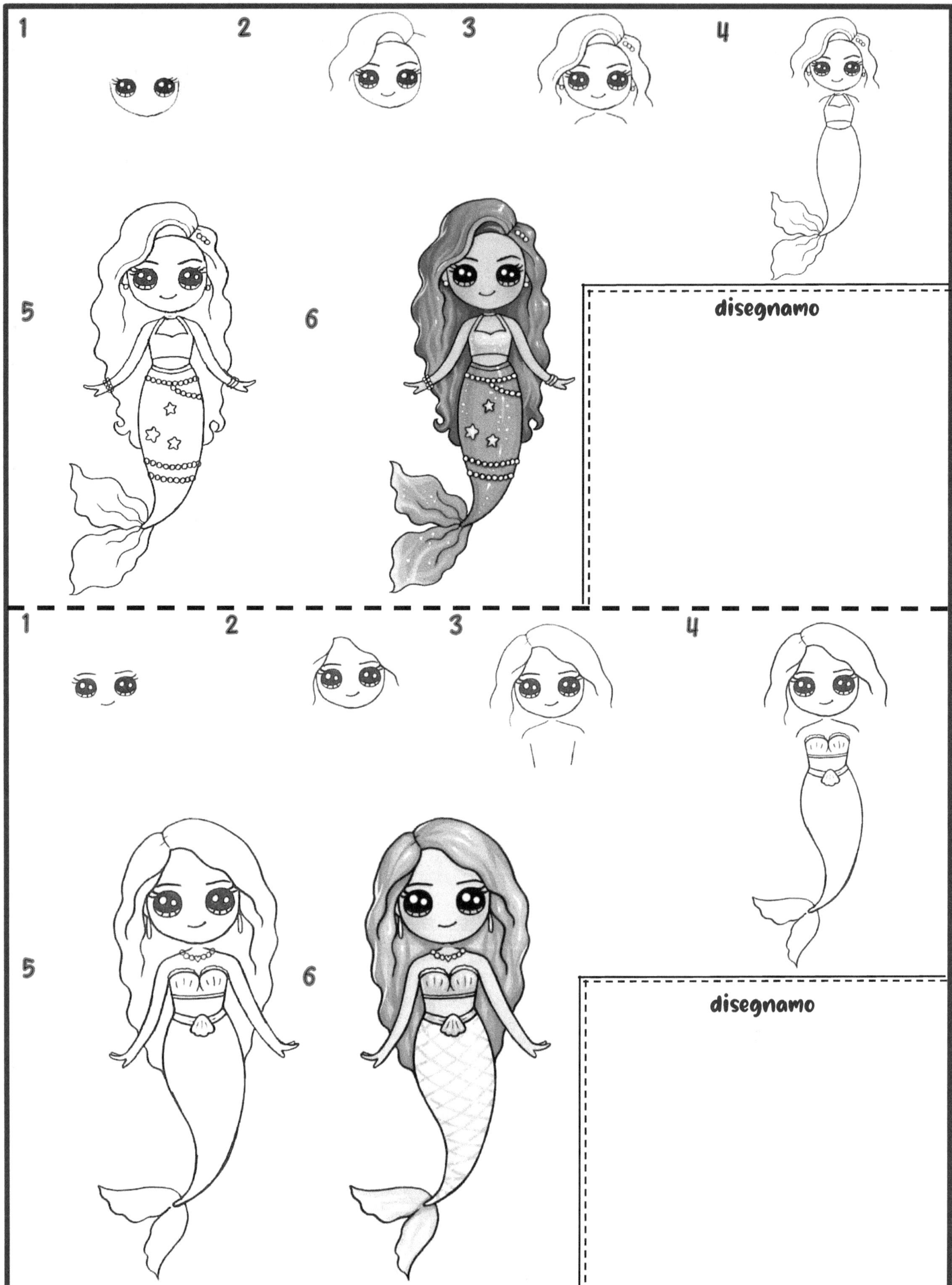
1
2
3
4
disegnamo
5
6
1
2
3
4
disegnamo
5
6

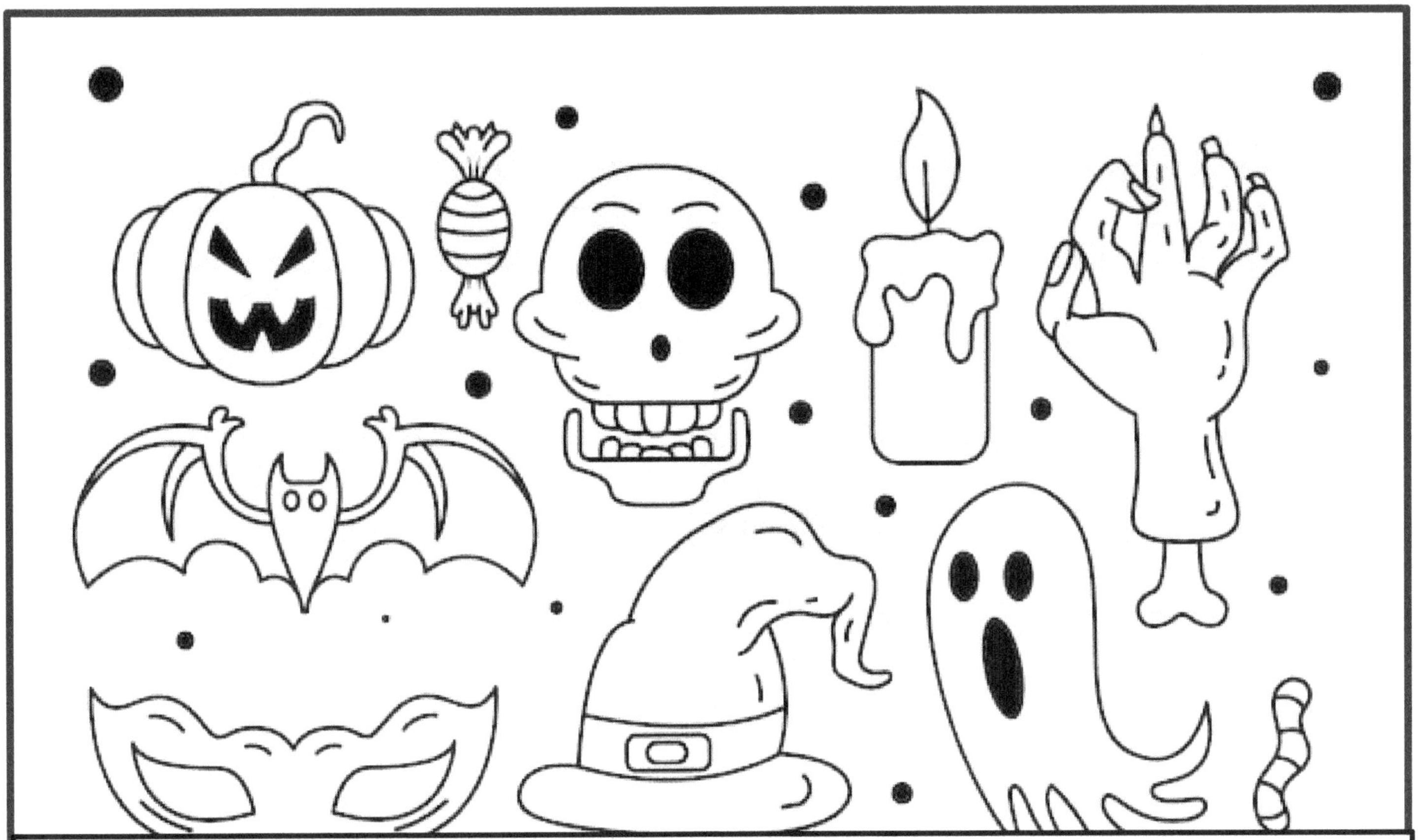

Roba per la casa di Halloween e creature marine.

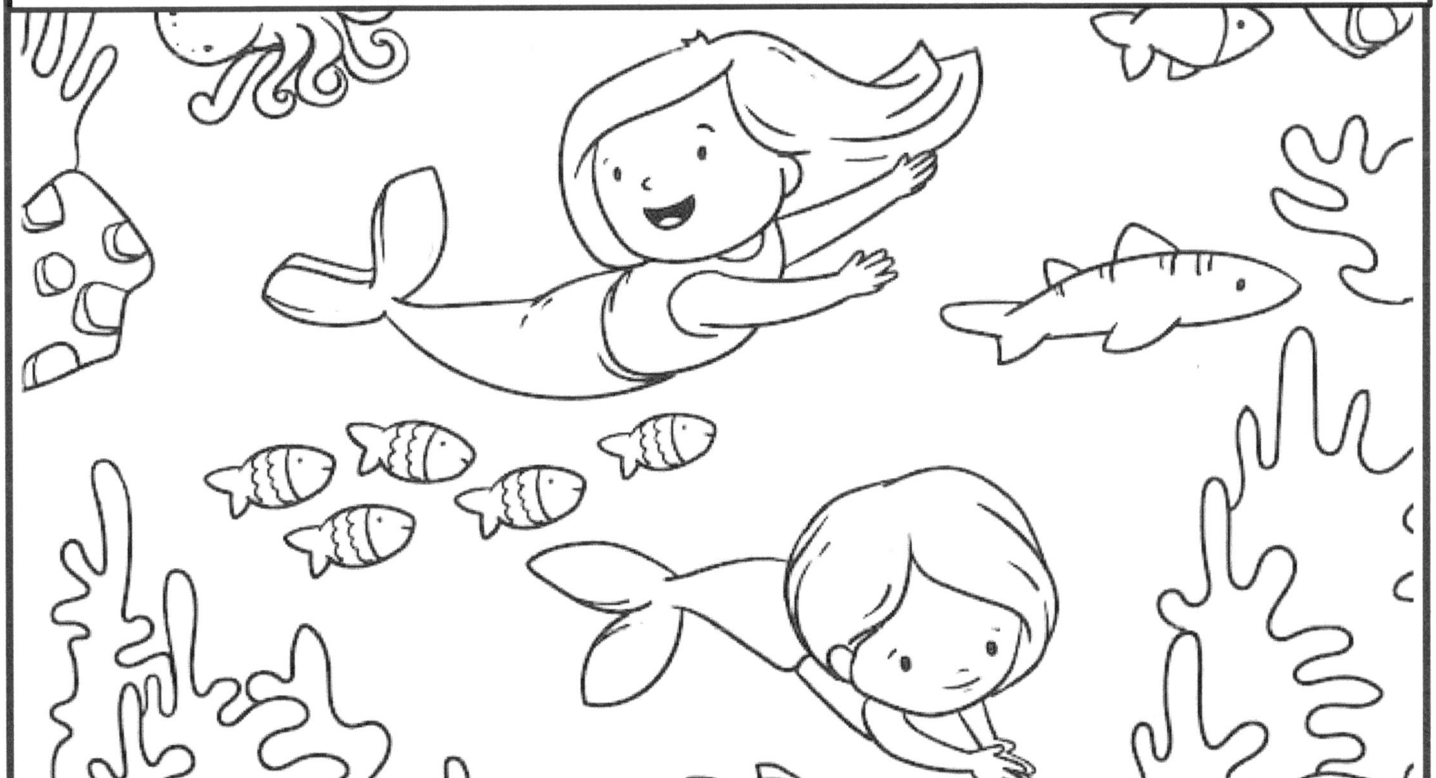

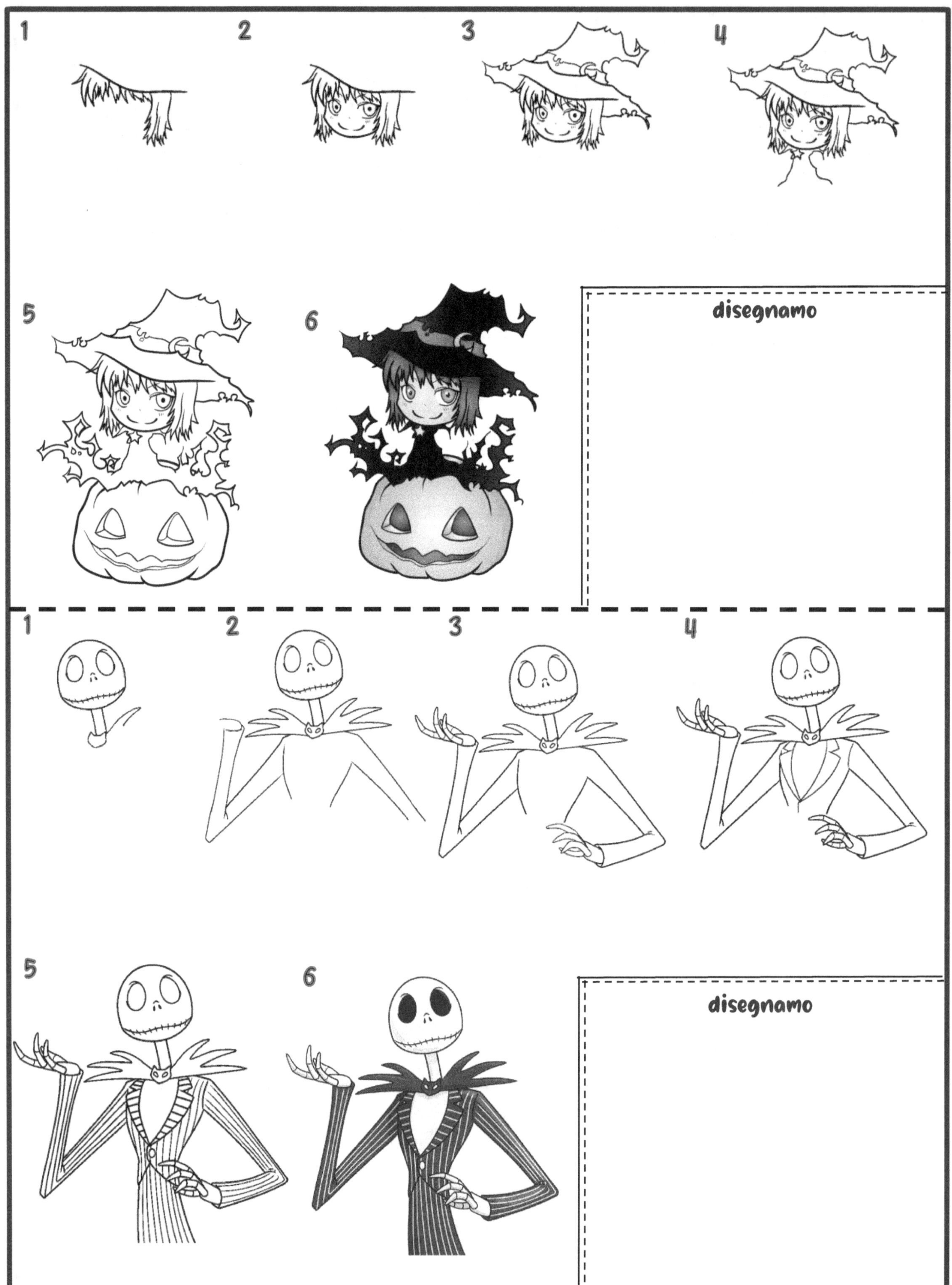
1
2
3
4
5
6
disegnamo
1
2
3
4
5
6
disegnamo

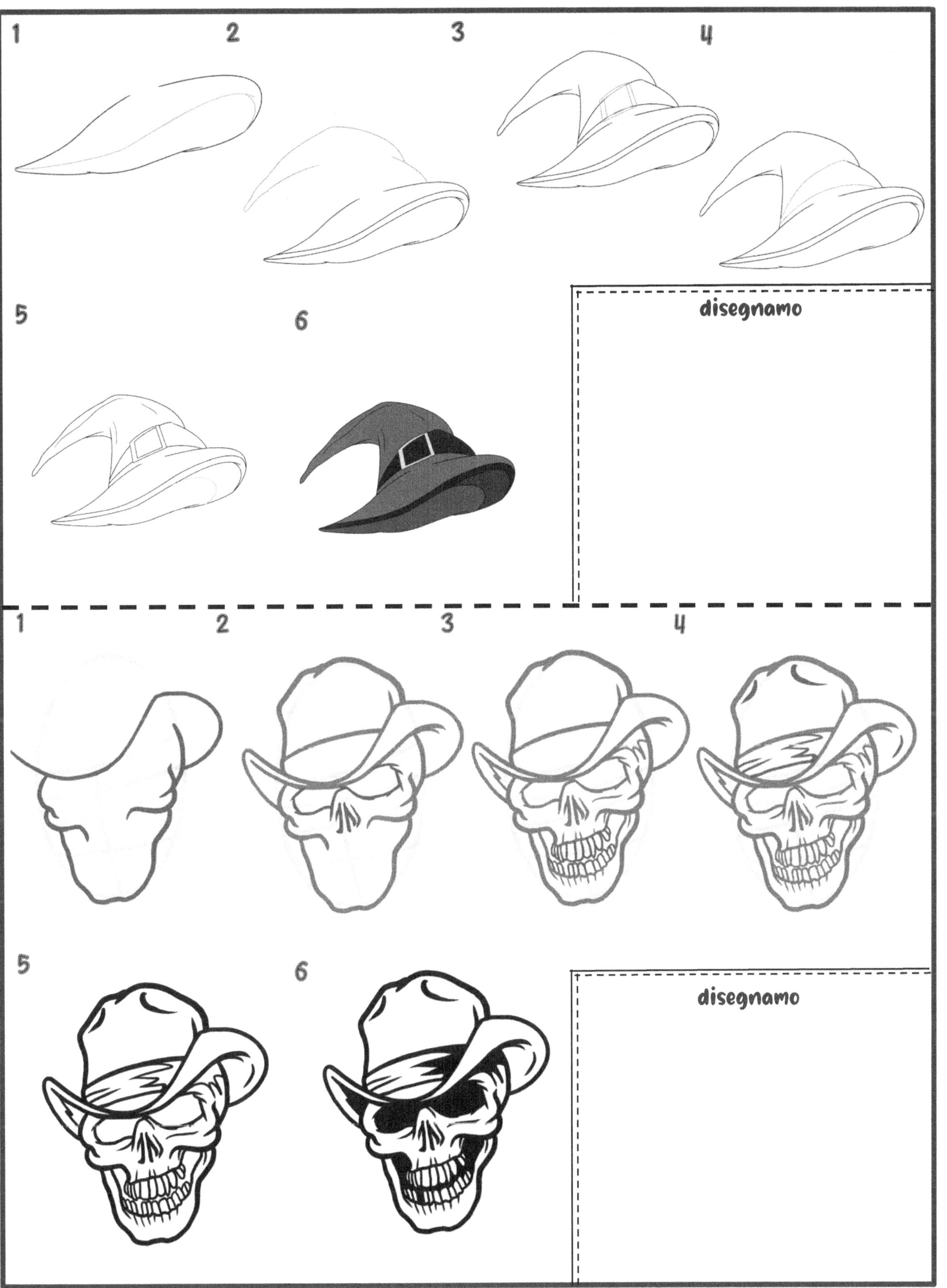
disegnamo
disegnamo

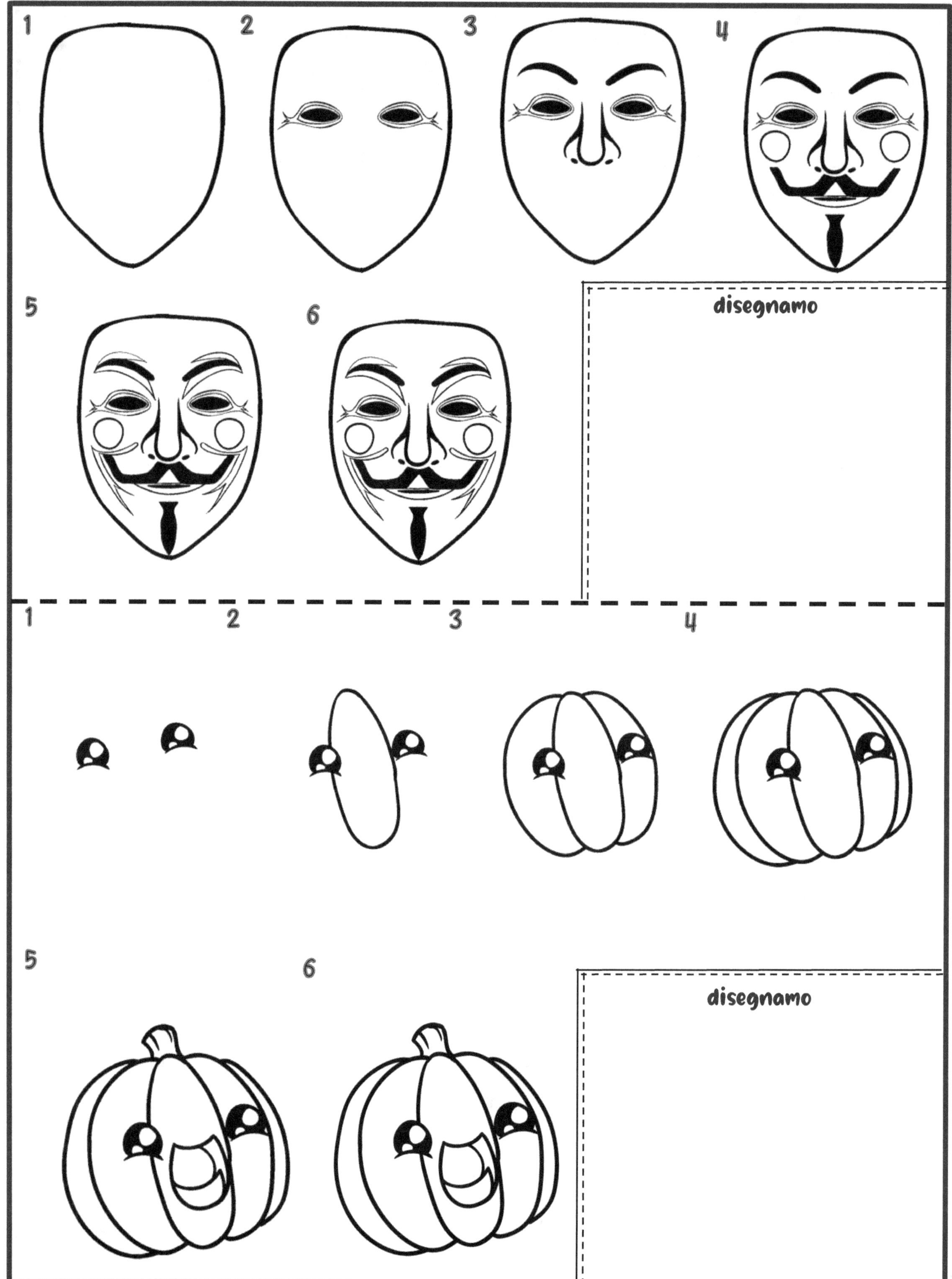

1
2
3
4
disegnamo
5
6
1
2
3
4
5
6
disegnamo

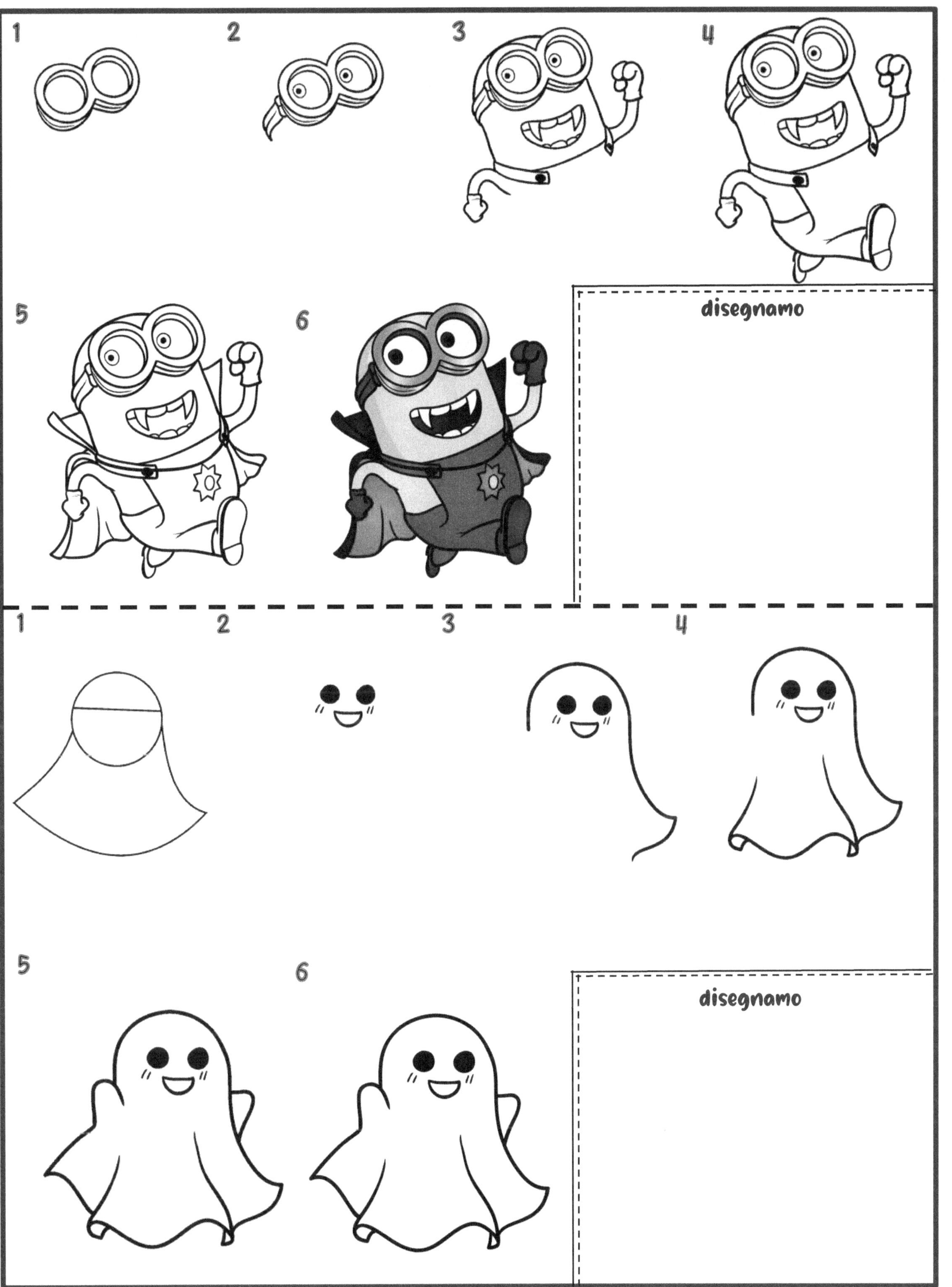

disegnamo
disegnamo

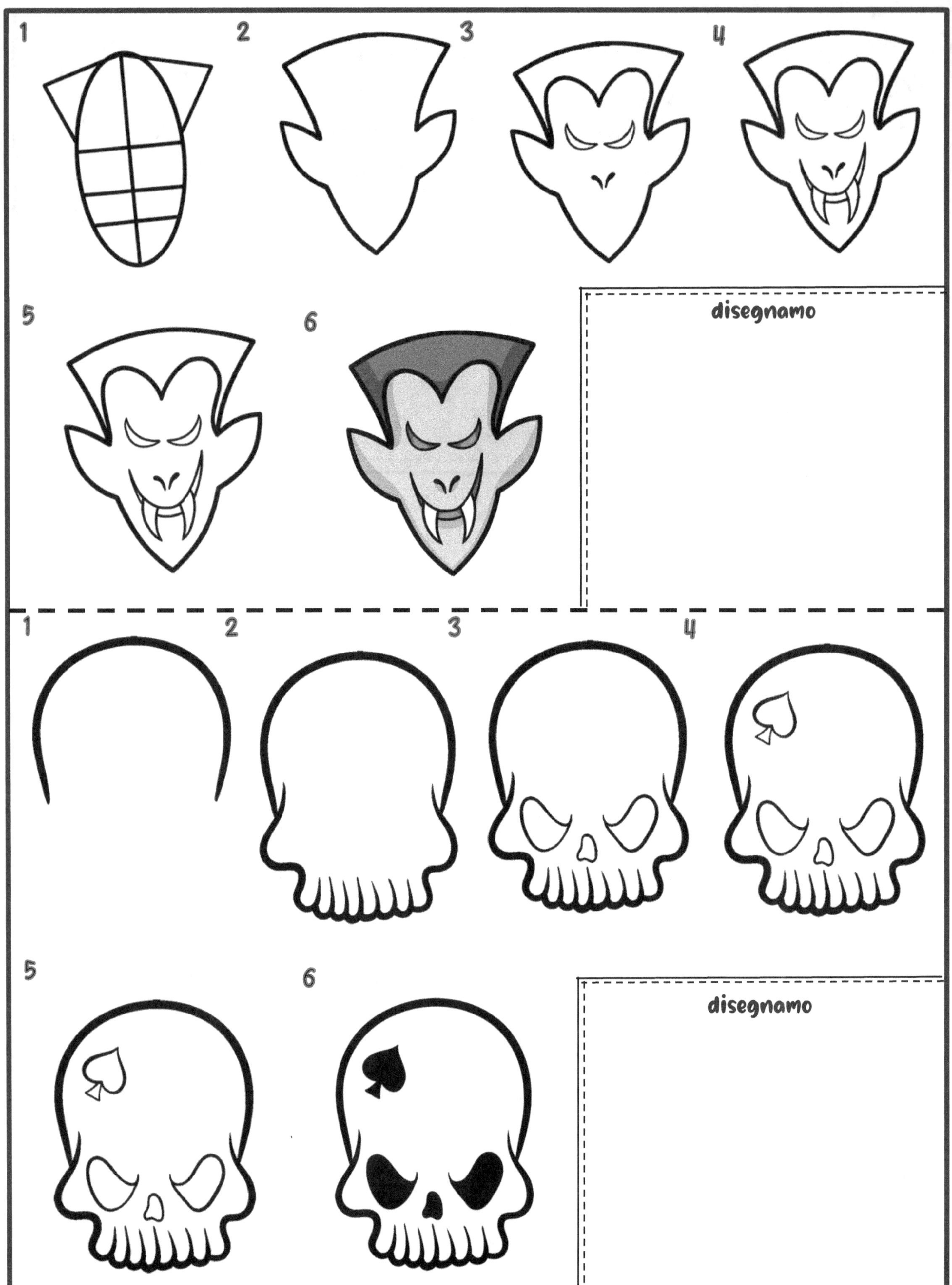
disegnamo
disegnamo

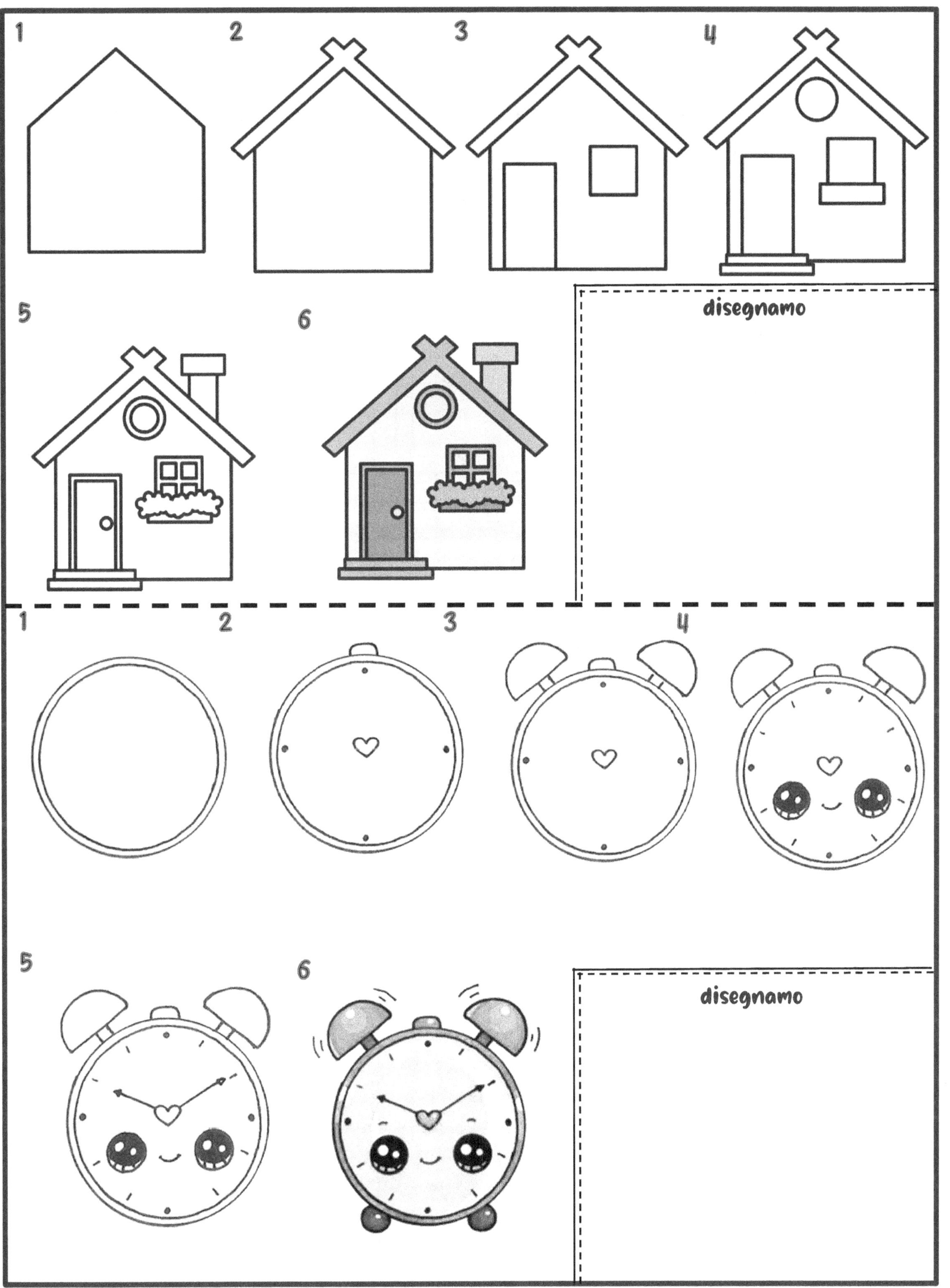

1
2
3
4
disegnamo
5
6
1
2
3
4
disegnamo
5
6

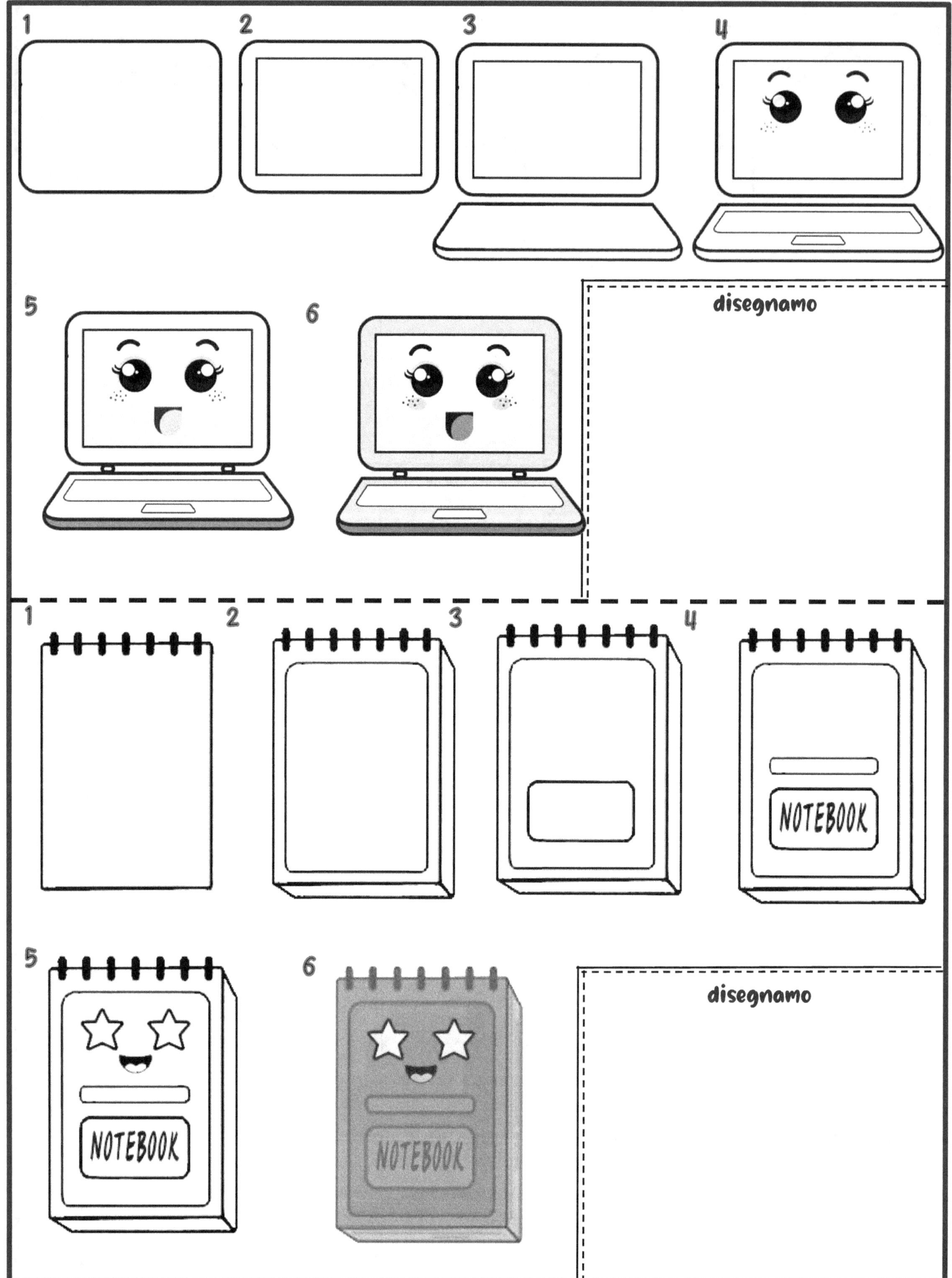

1
2
3
4
disegnamo
5
6
1
2
3
4
NOTEBOOK
5
NOTEBOOK
6
NOTEBOOK
disegnamo

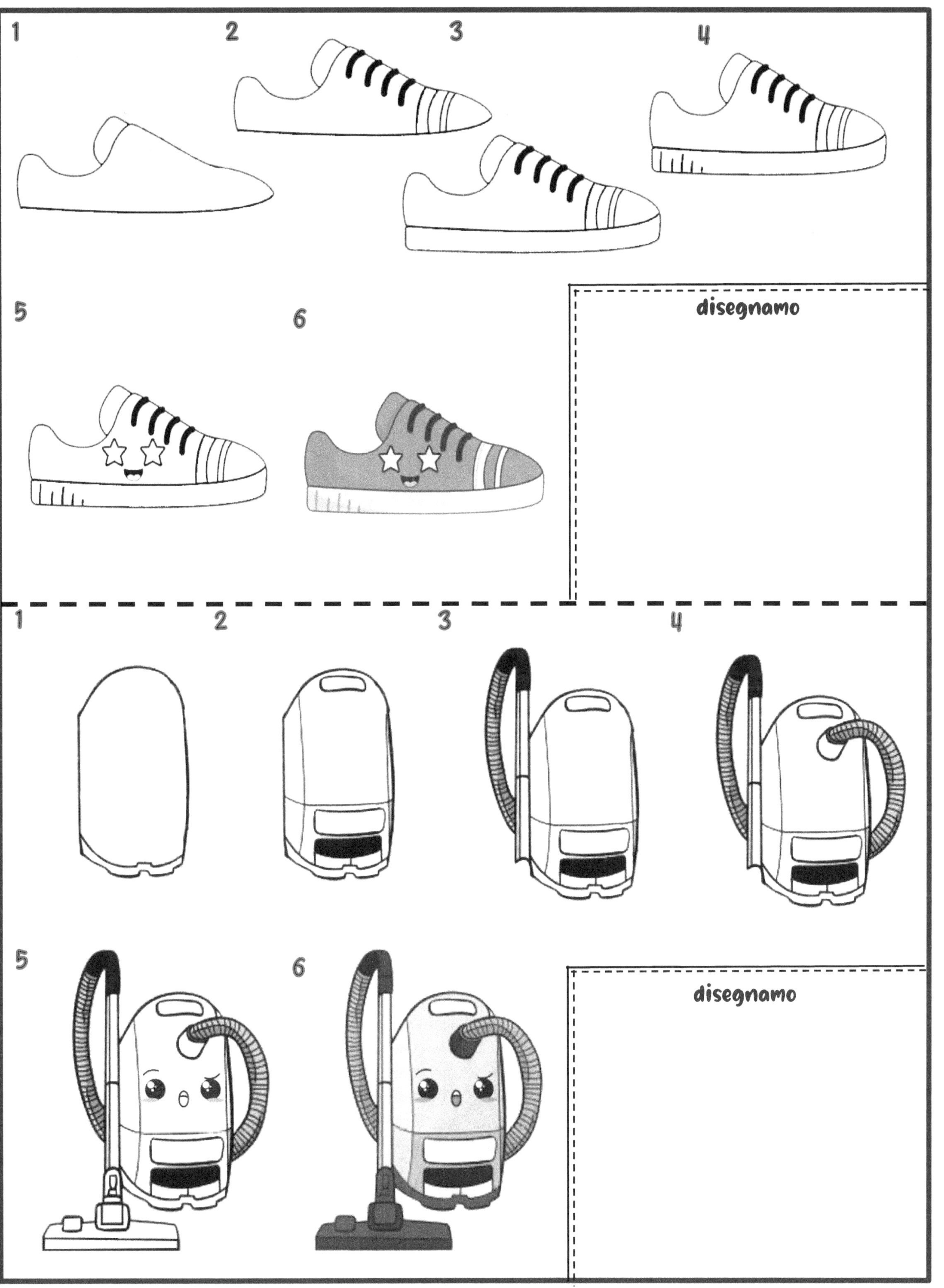
disegnamo
disegnamo

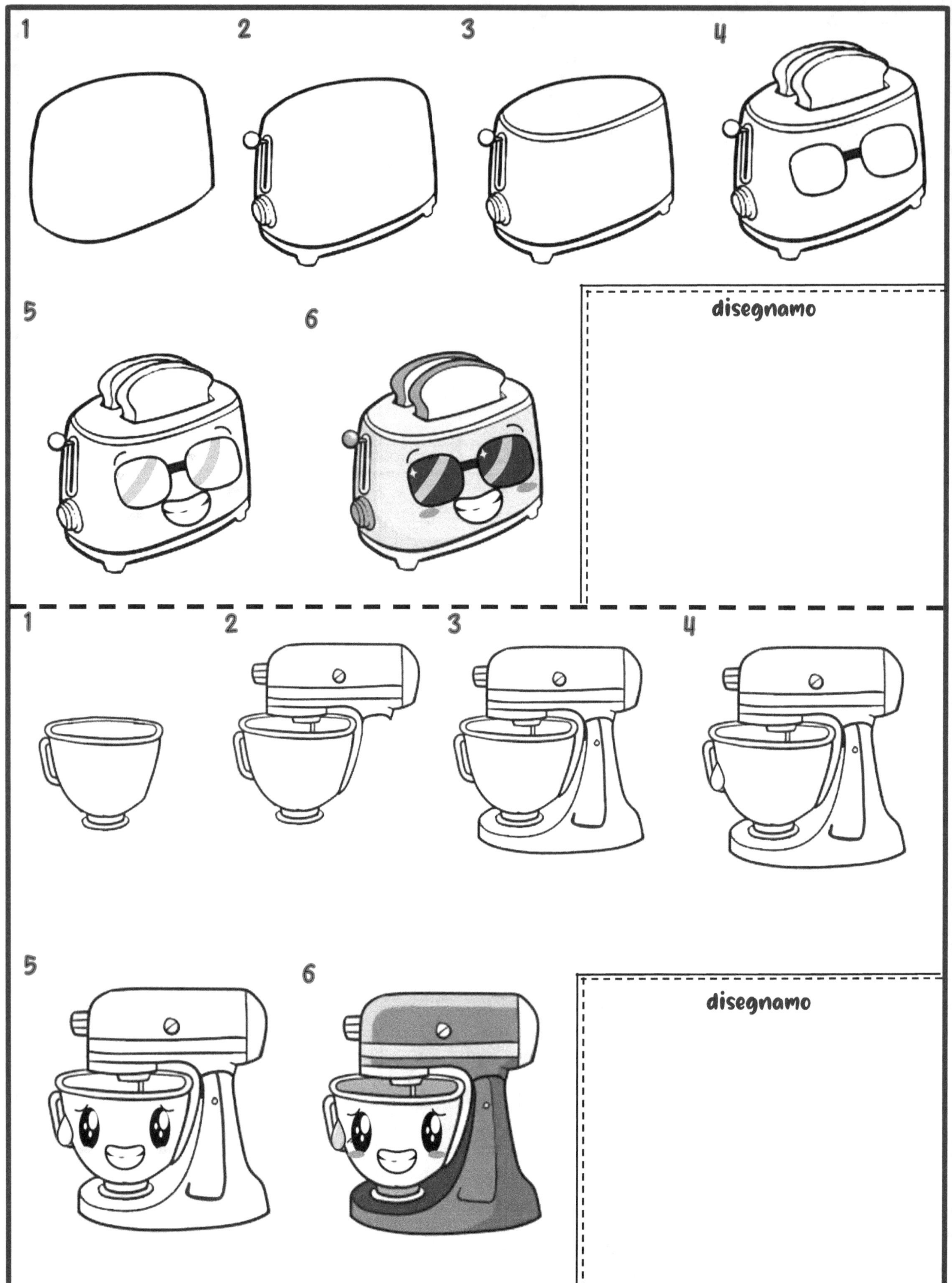
1
2
3
4
5
6
disegnamo
1
2
3
4
5
6
disegnamo

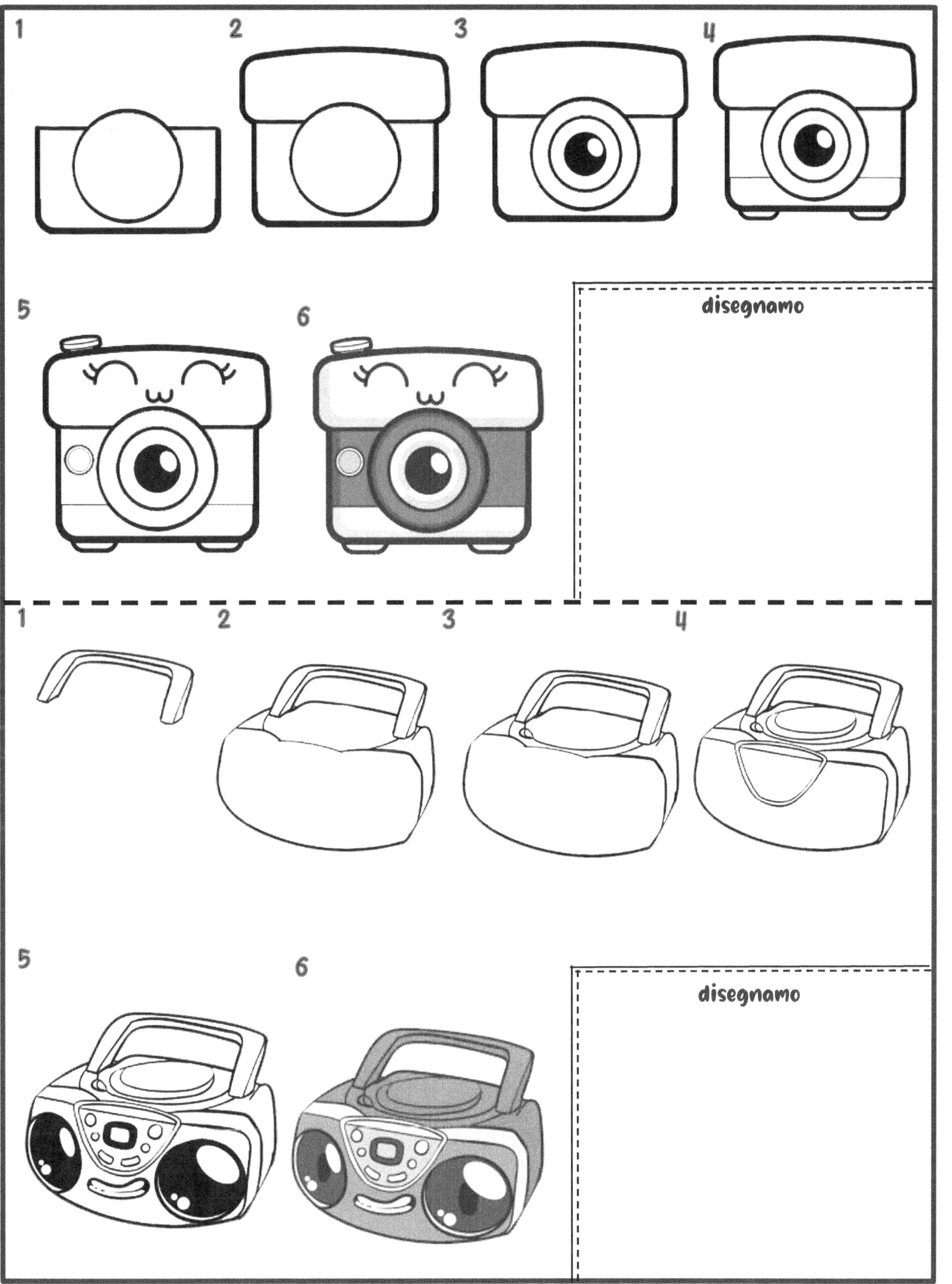

1
2
3
4
5
6
disegnamo
1
2
3
4
5
6
disegnamo

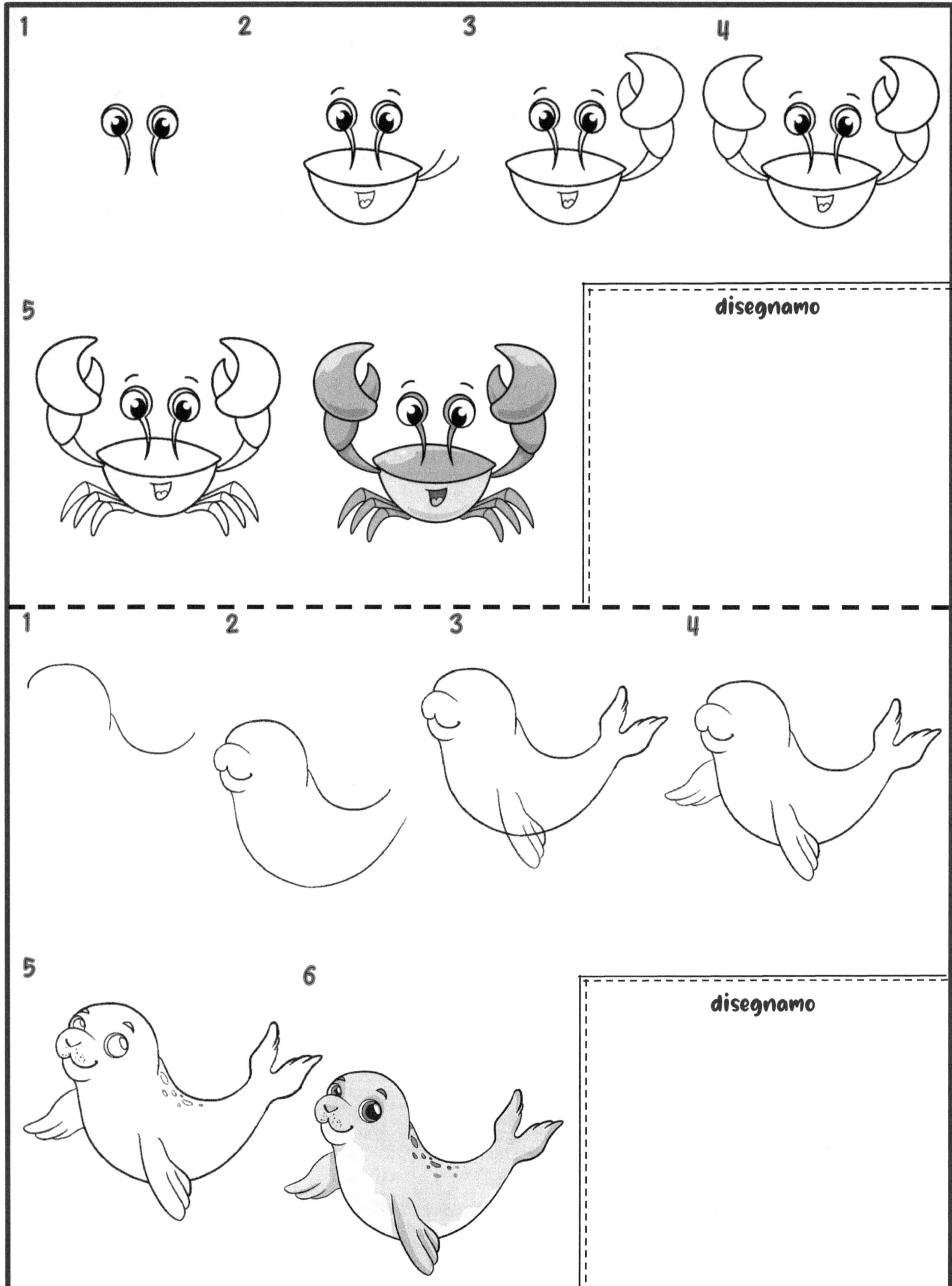

1
2
3
4
5
disegnamo
1
2
3
4
5
6
disegnamo

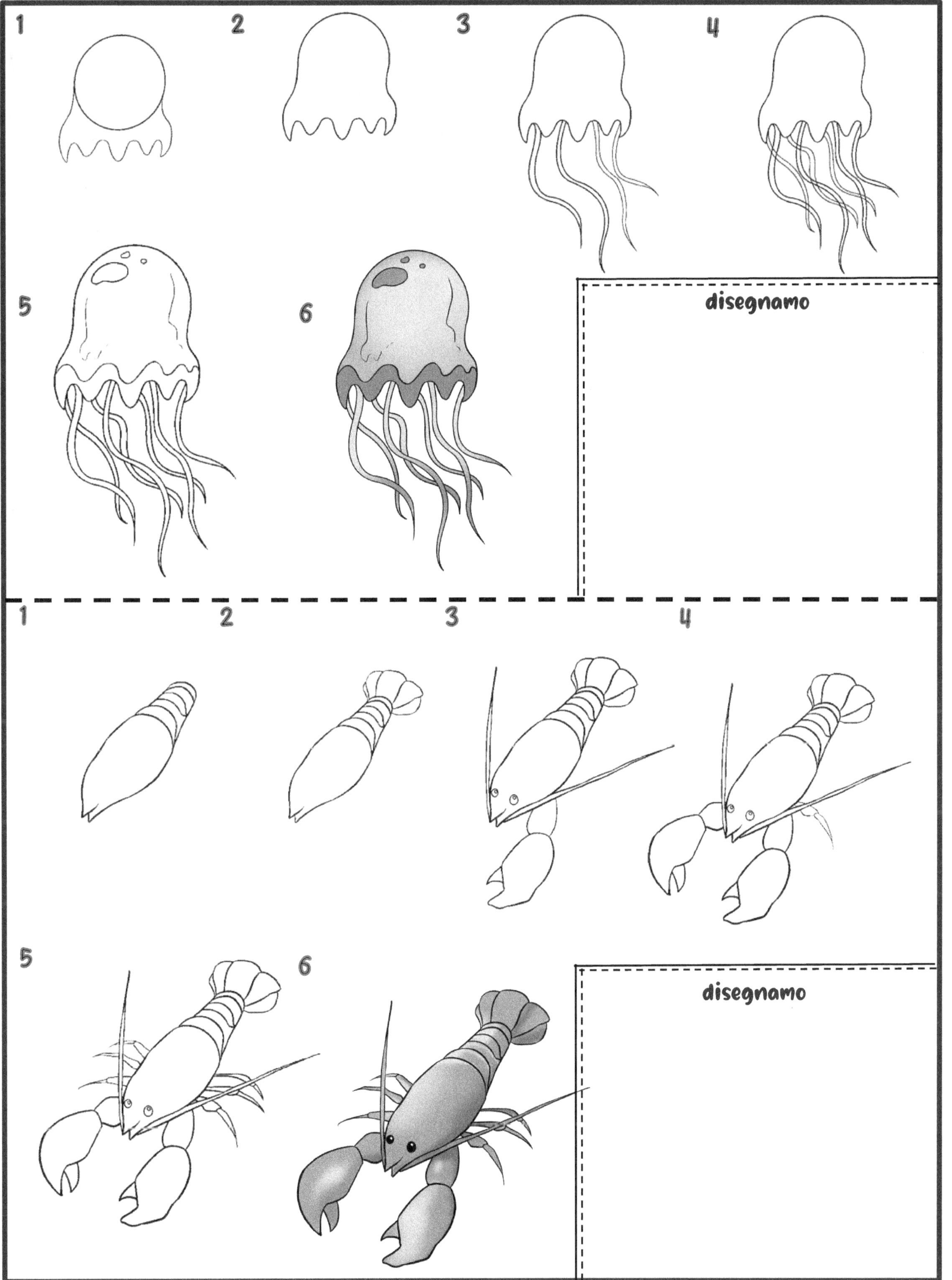

1
2
3
4
5
6
disegnamo
1
2
3
4
5
6
disegnamo

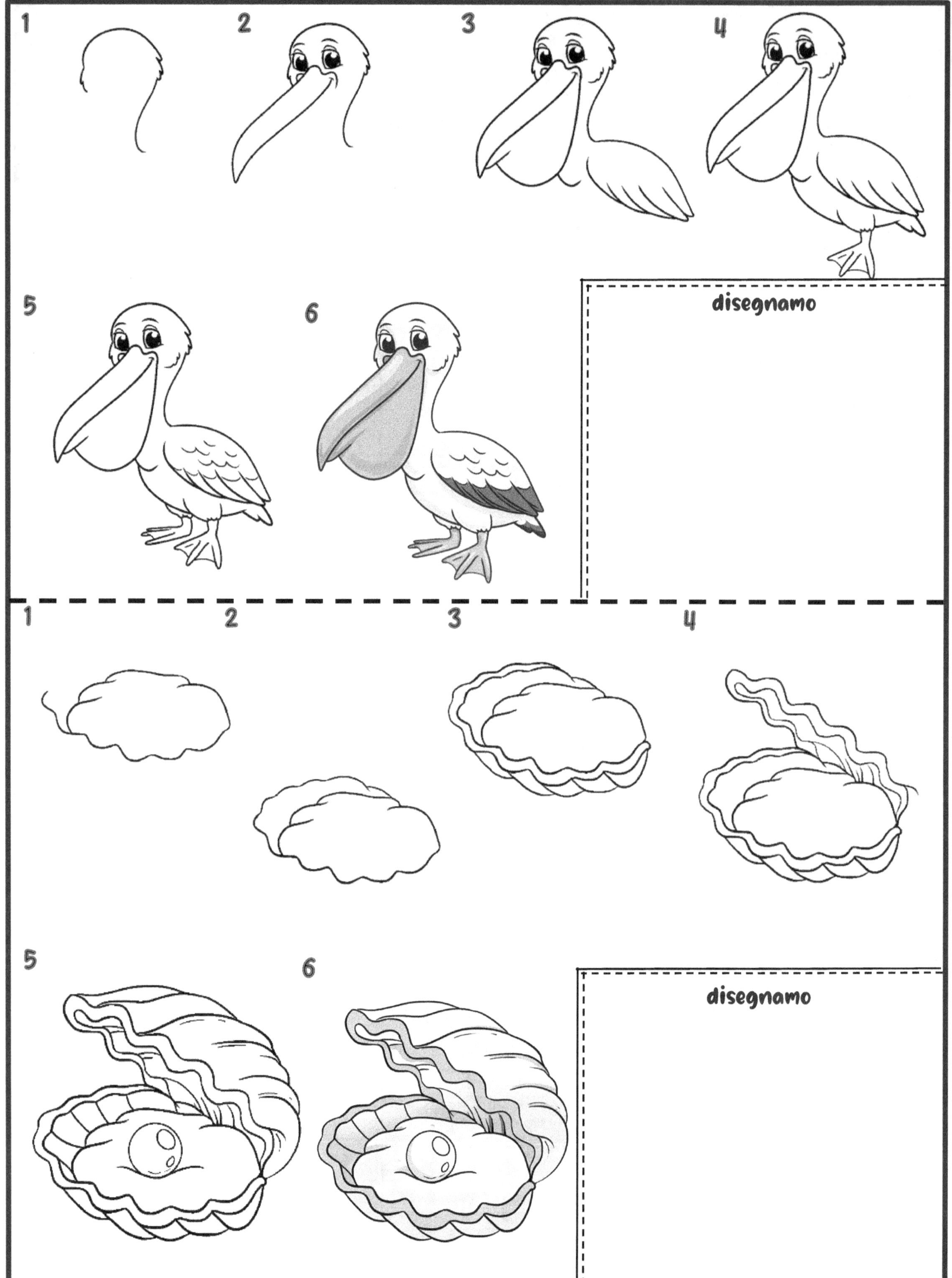

1
2
3
4
disegnamo
5
6
1
2
3
4
5
6
disegnamo

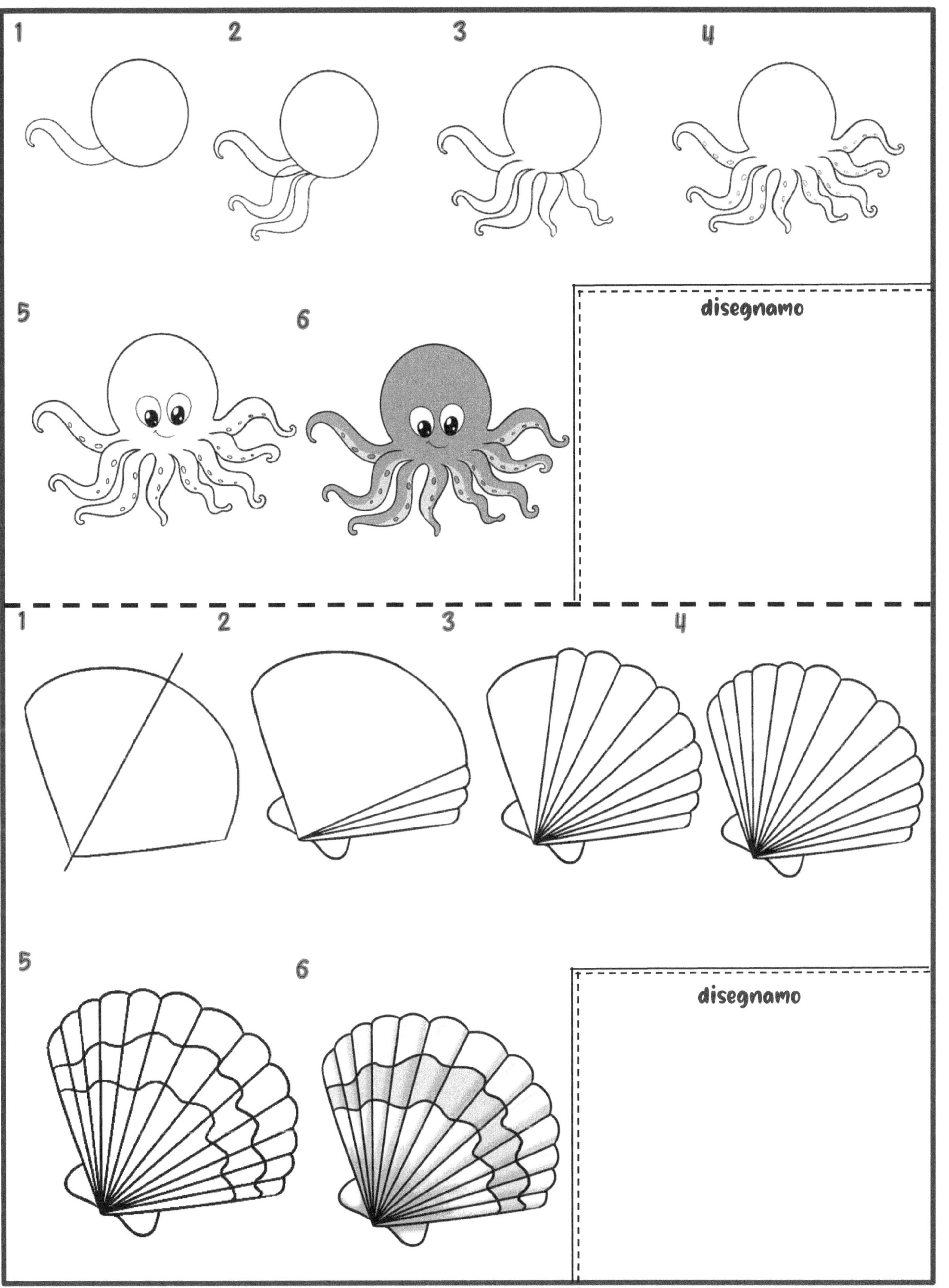

1
2
3
4
5
6
disegnamo
1
2
3
4
5
6
disegnamo

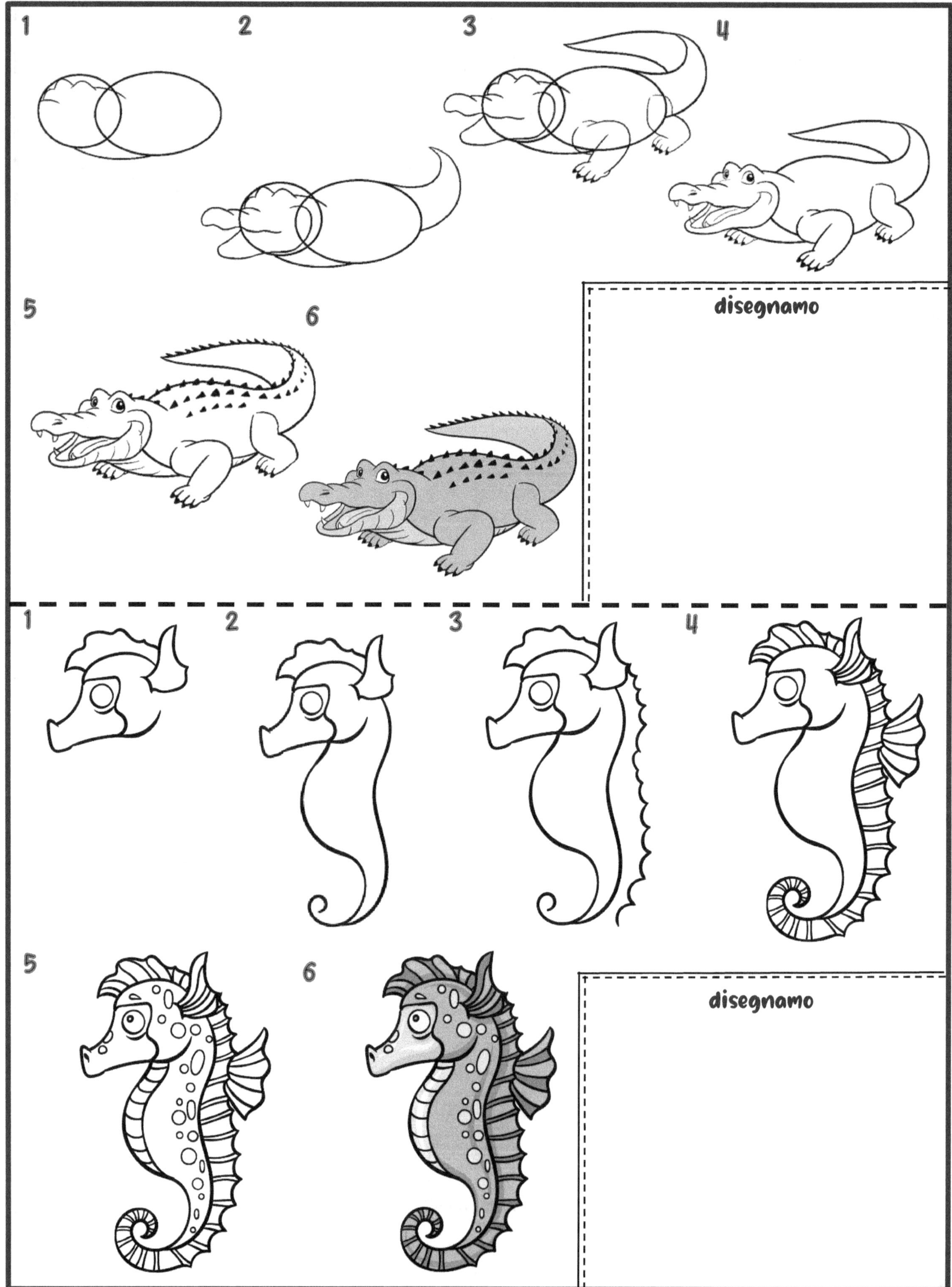
1
2
3
4
5
6
disegnamo
1
2
3
4
5
6
disegnamo

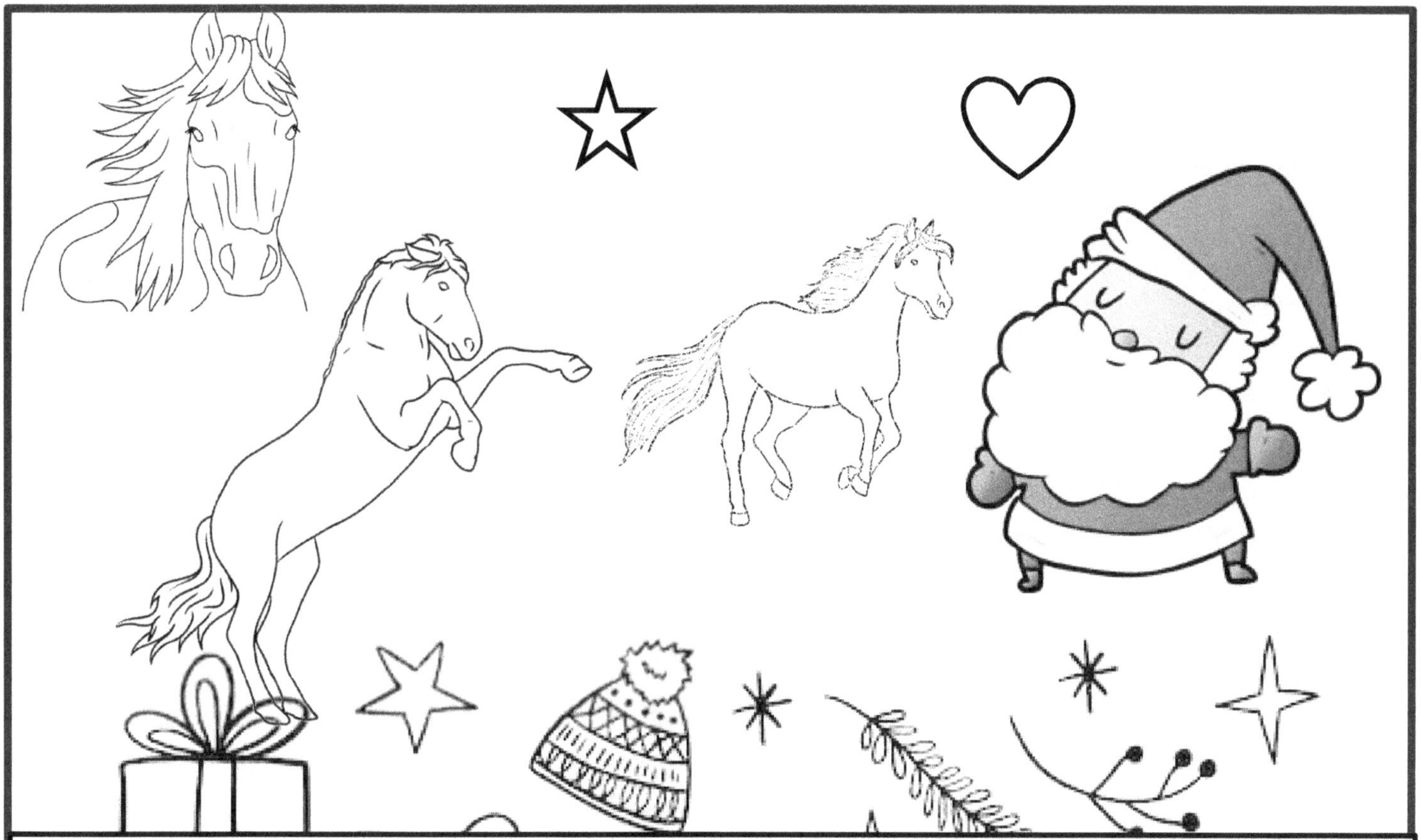

Dinosauri, Natale e Cavalli

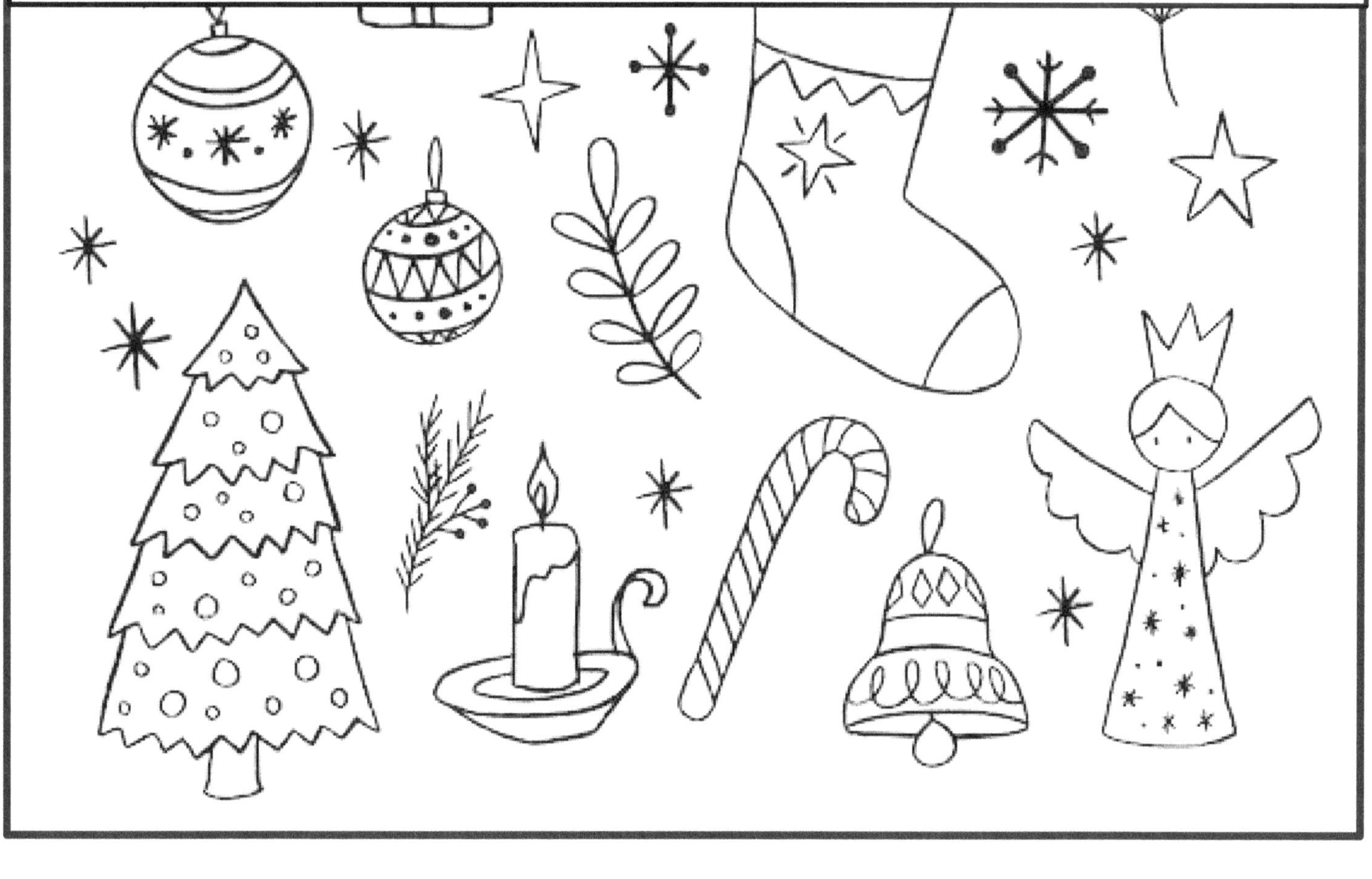

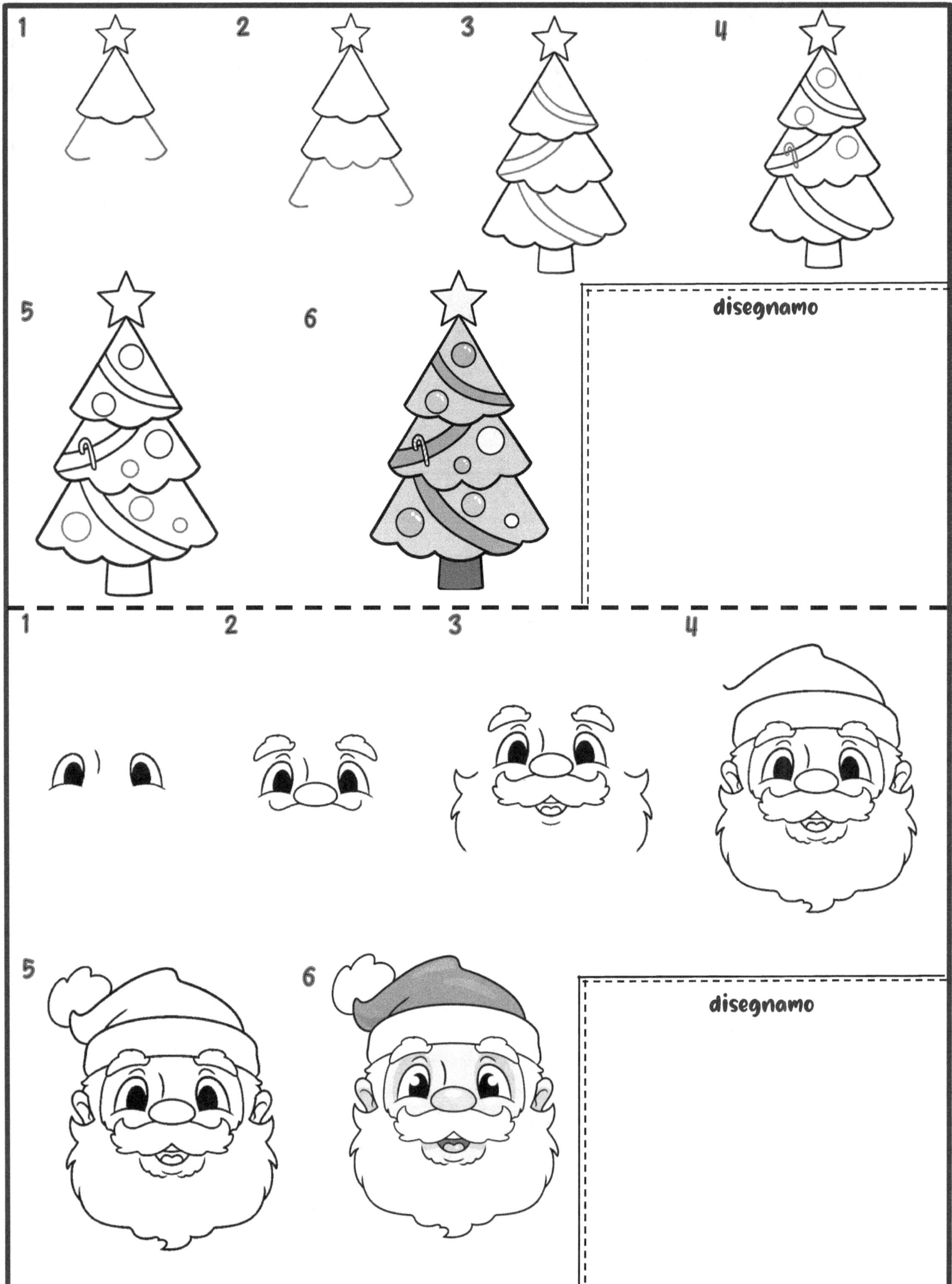

disegnamo
disegnamo

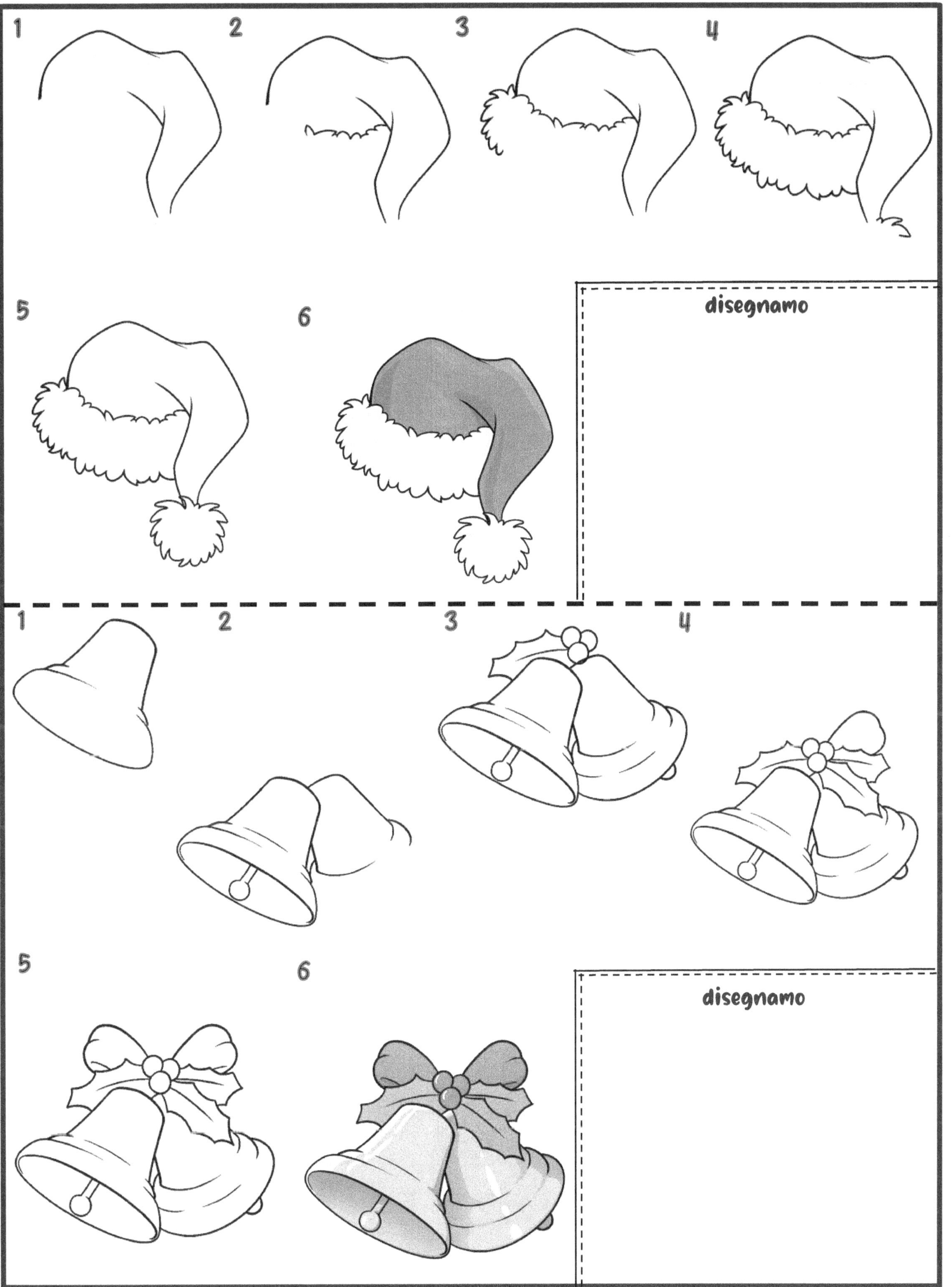

1
2
3
4
5
6
disegnamo
1
2
3
4
5
6
disegnamo

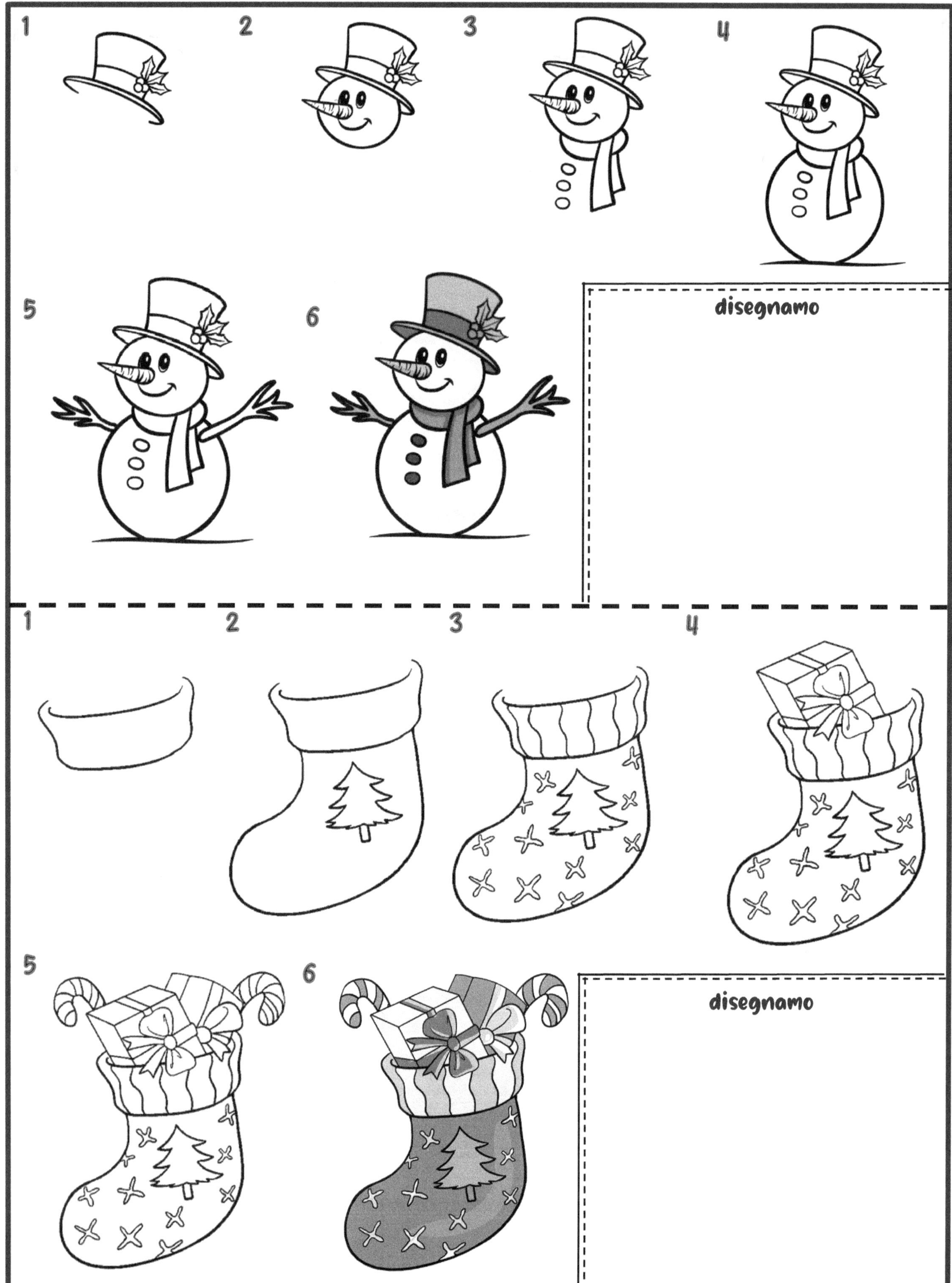

1
2
3
4
disegnamo
5
6
1
2
3
4
disegnamo
5
6

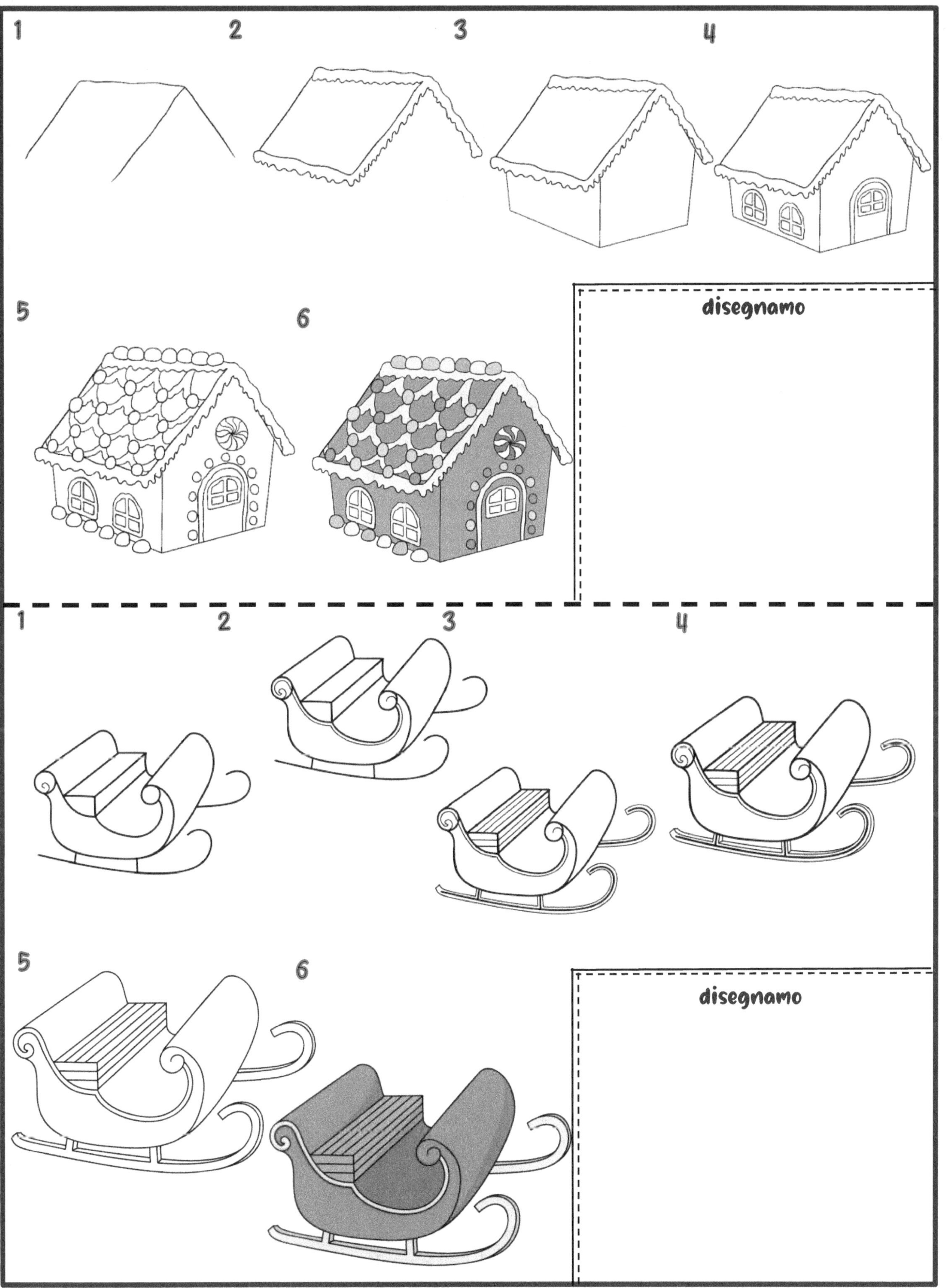

1
2
3
4
5
6
disegnamo
1
2
3
4
5
6
disegnamo

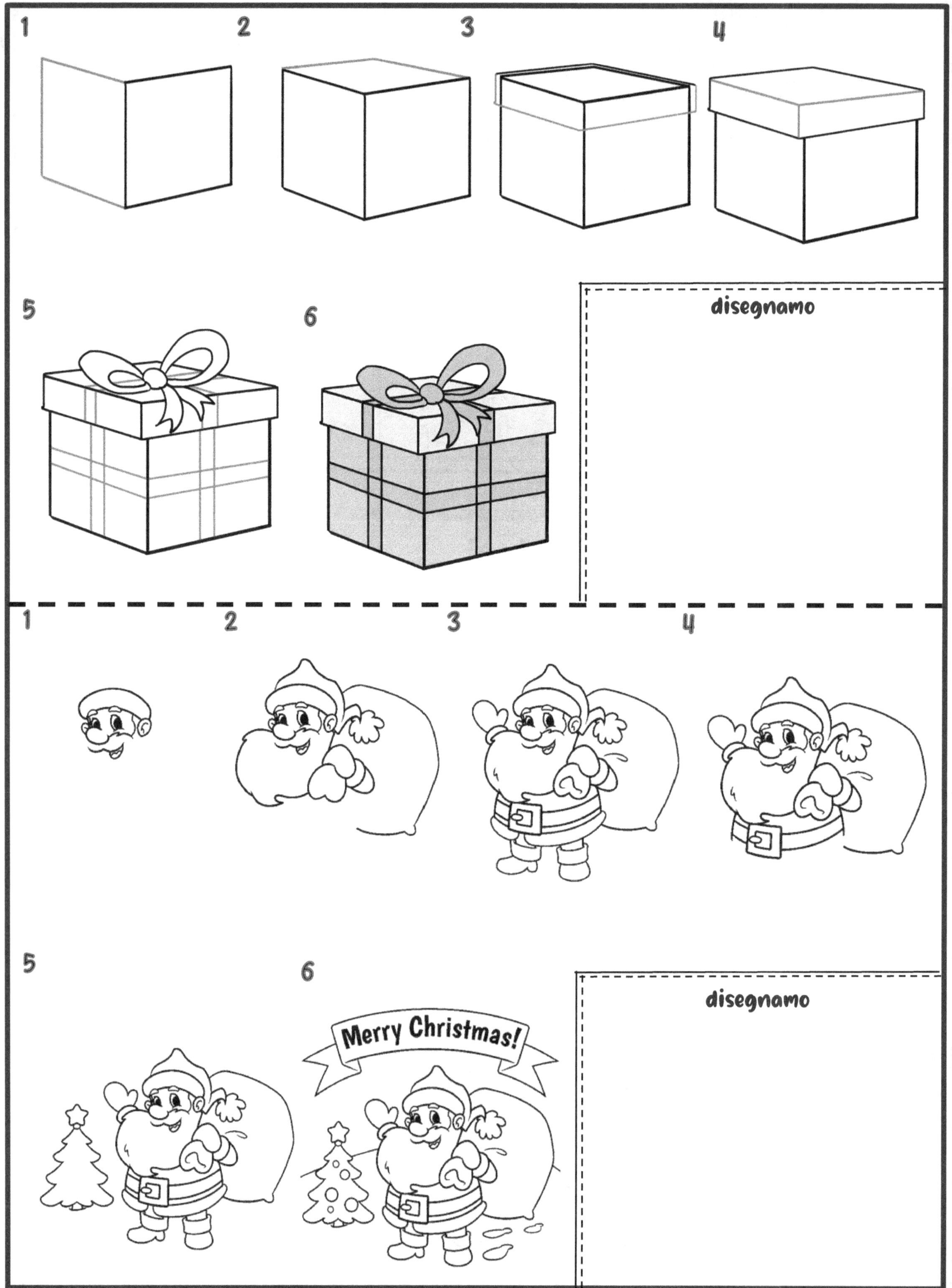
1
2
3
4
disegnamo
5
6
1
2
3
4
5
6
Merry Christmas!
disegnamo

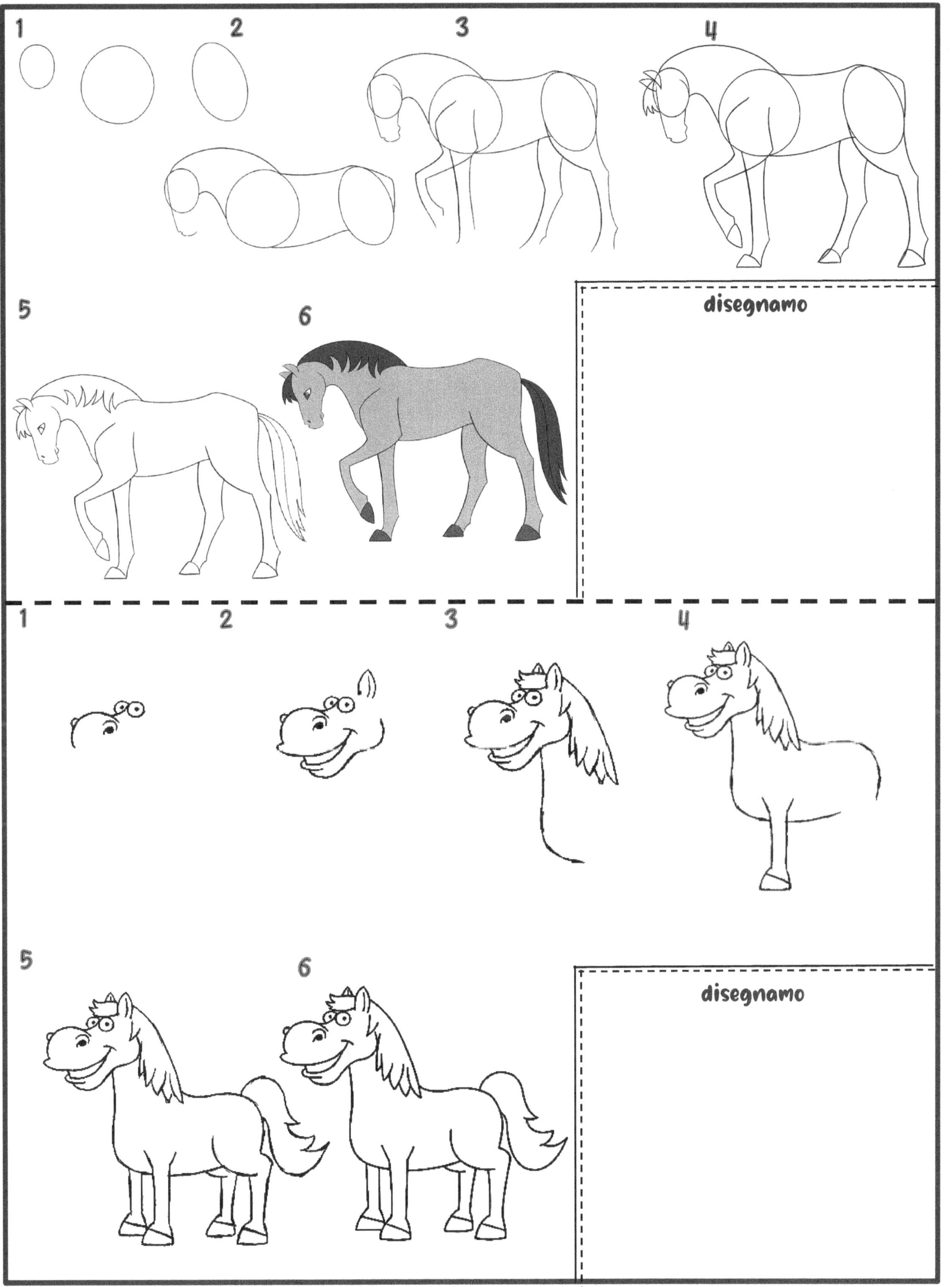

1
2
3
4
disegnamo
5
6
1
2
3
4
5
6
disegnamo

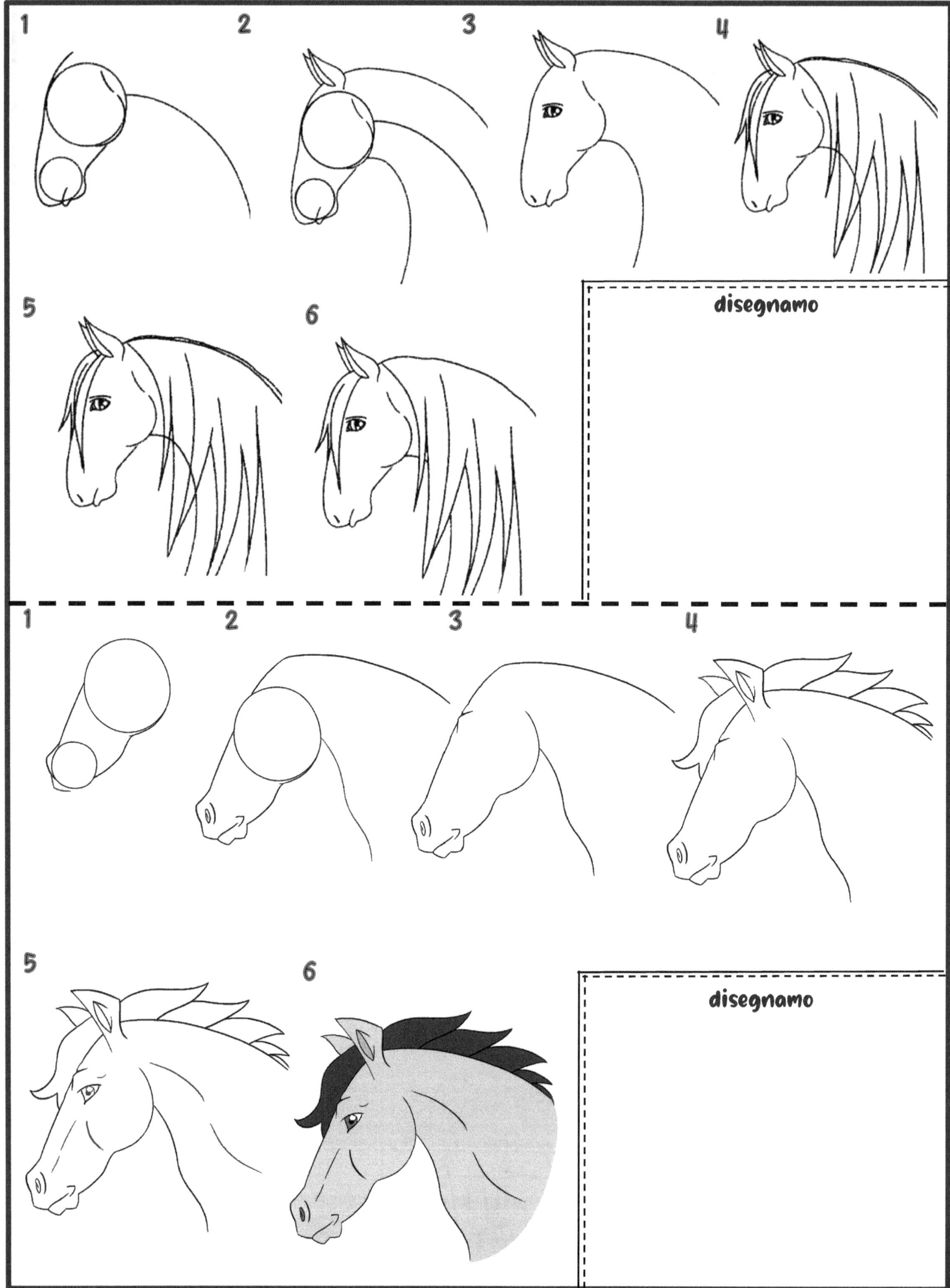
1
2
3
4
disegnamo
5
6
1
2
3
4
5
6
disegnamo

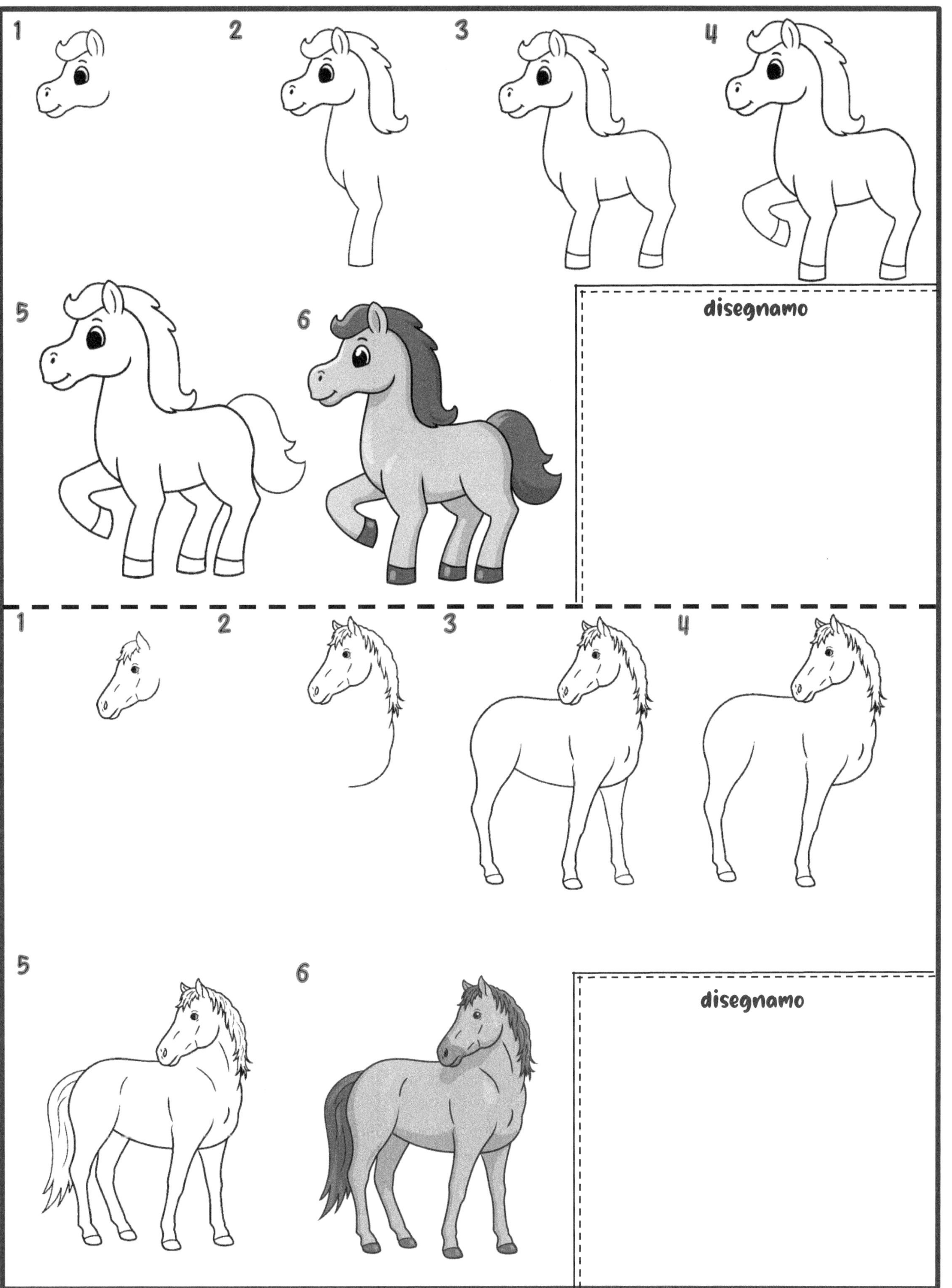

disegnamo
disegnamo

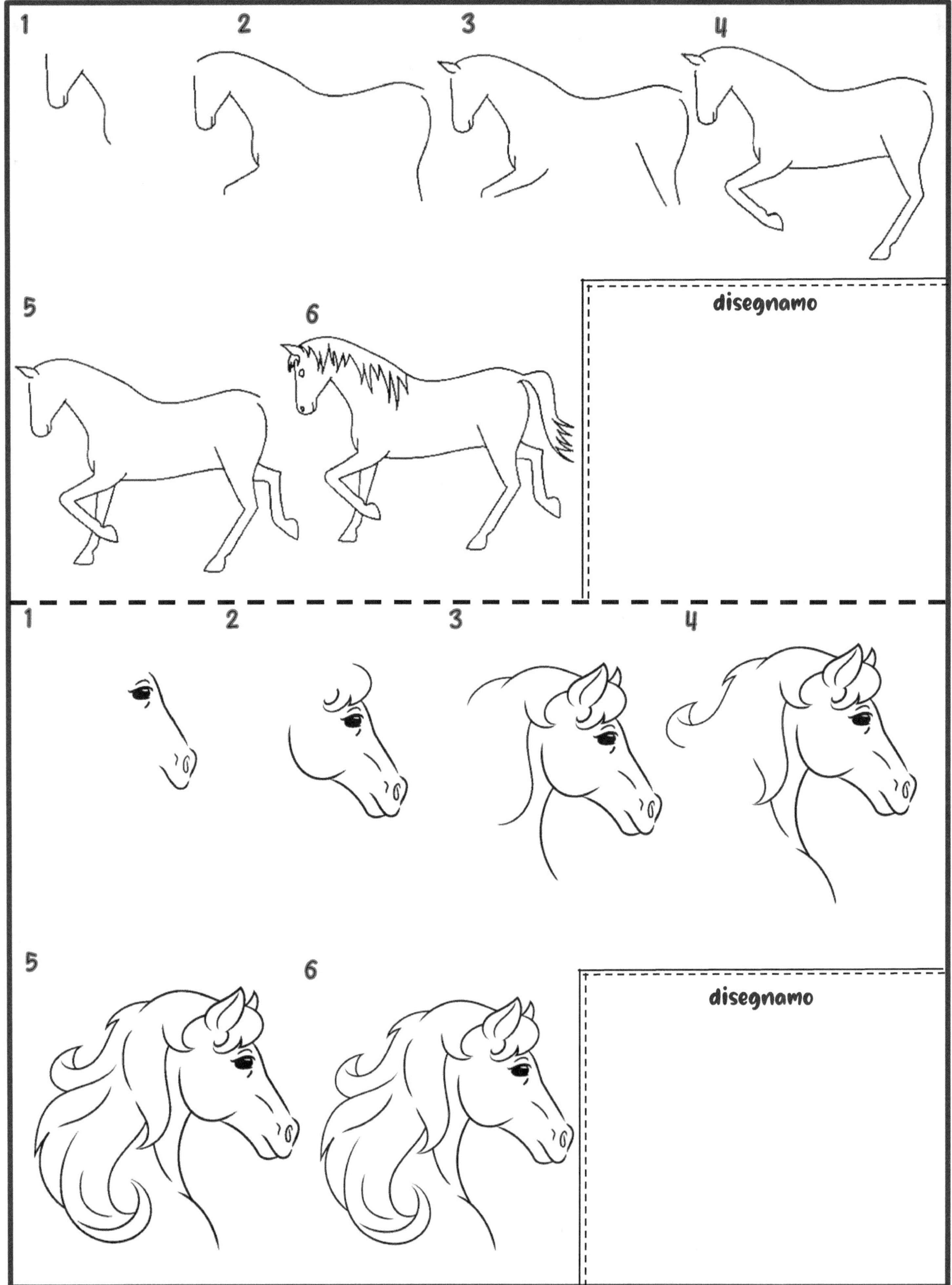

1
2
3
4
5
6
disegnamo
1
2
3
4
5
6
disegnamo

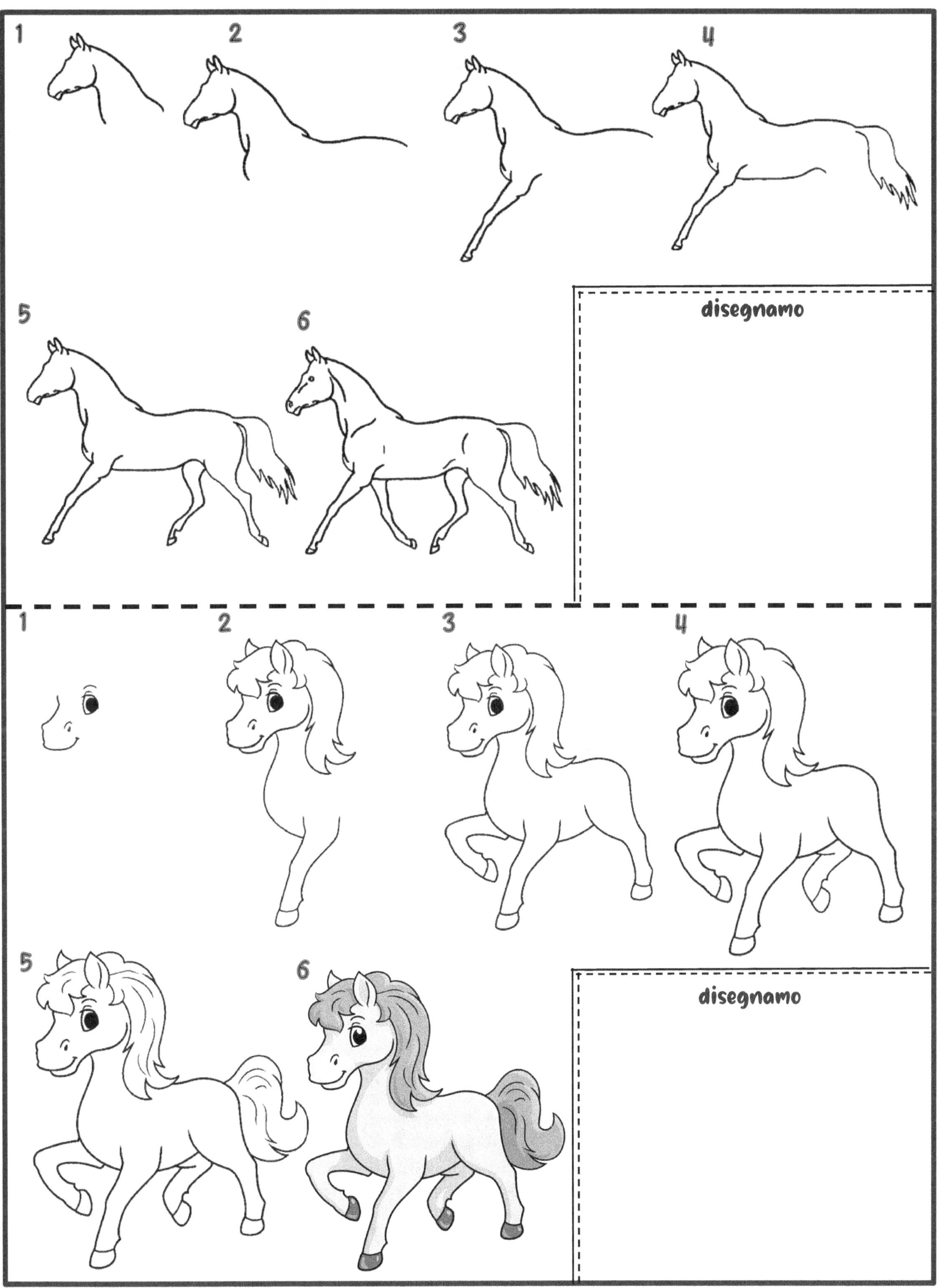
disegnamo
disegnamo

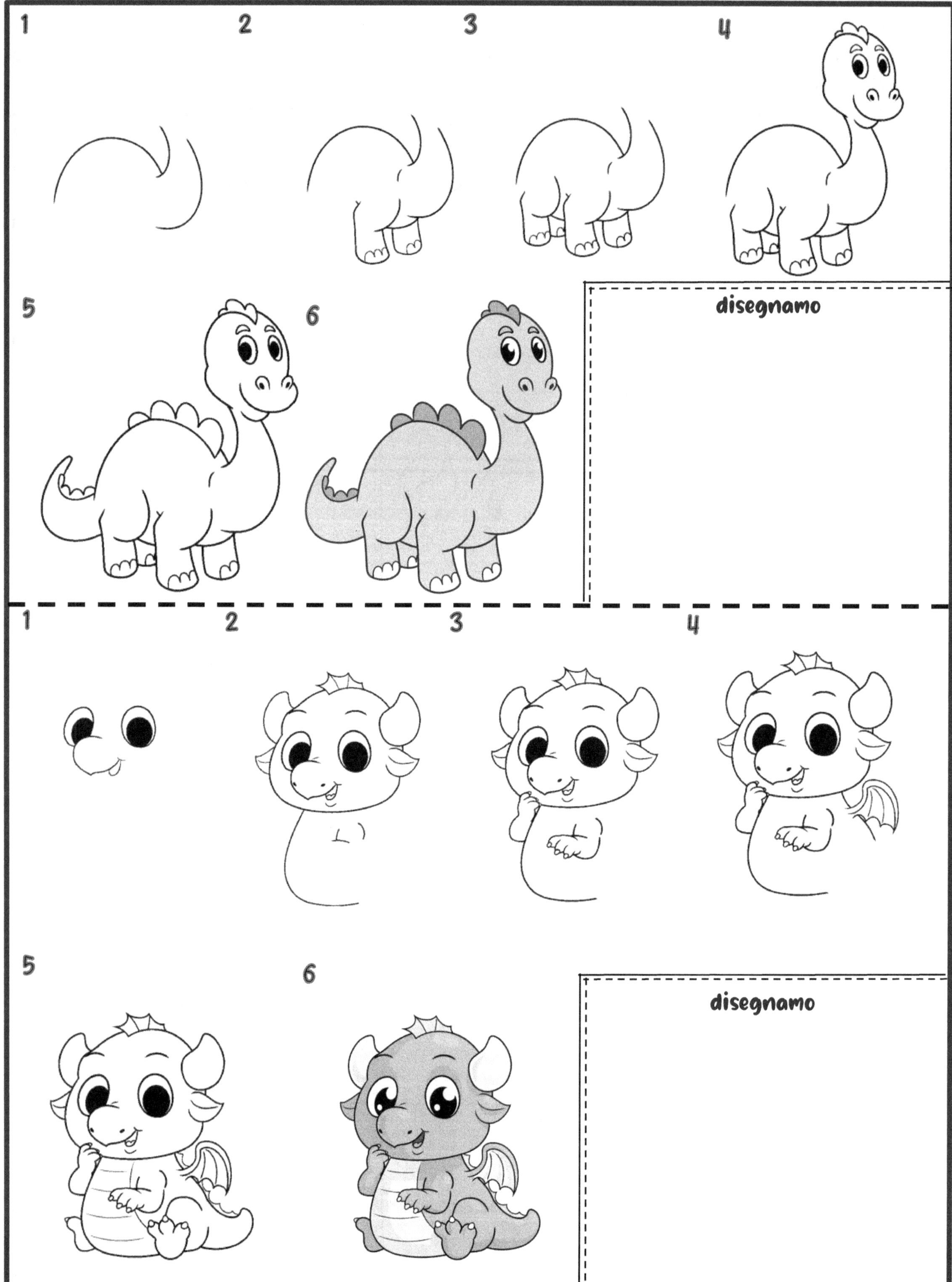

1
2
3
4
disegnamo
5
6
1
2
3
4
5
6
disegnamo

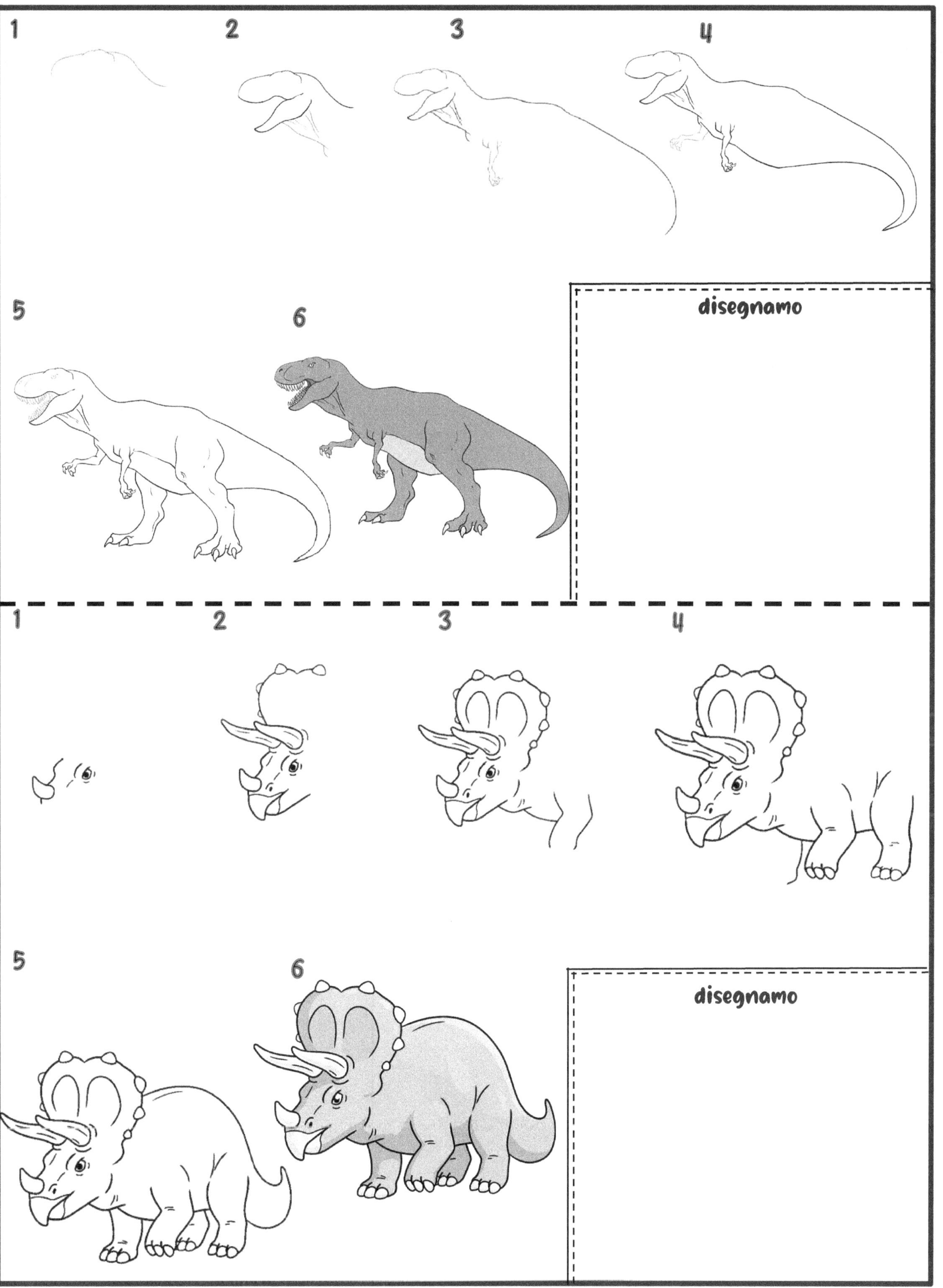
1
2
3
4
5
6
disegnamo
1
2
3
4
5
6
disegnamo

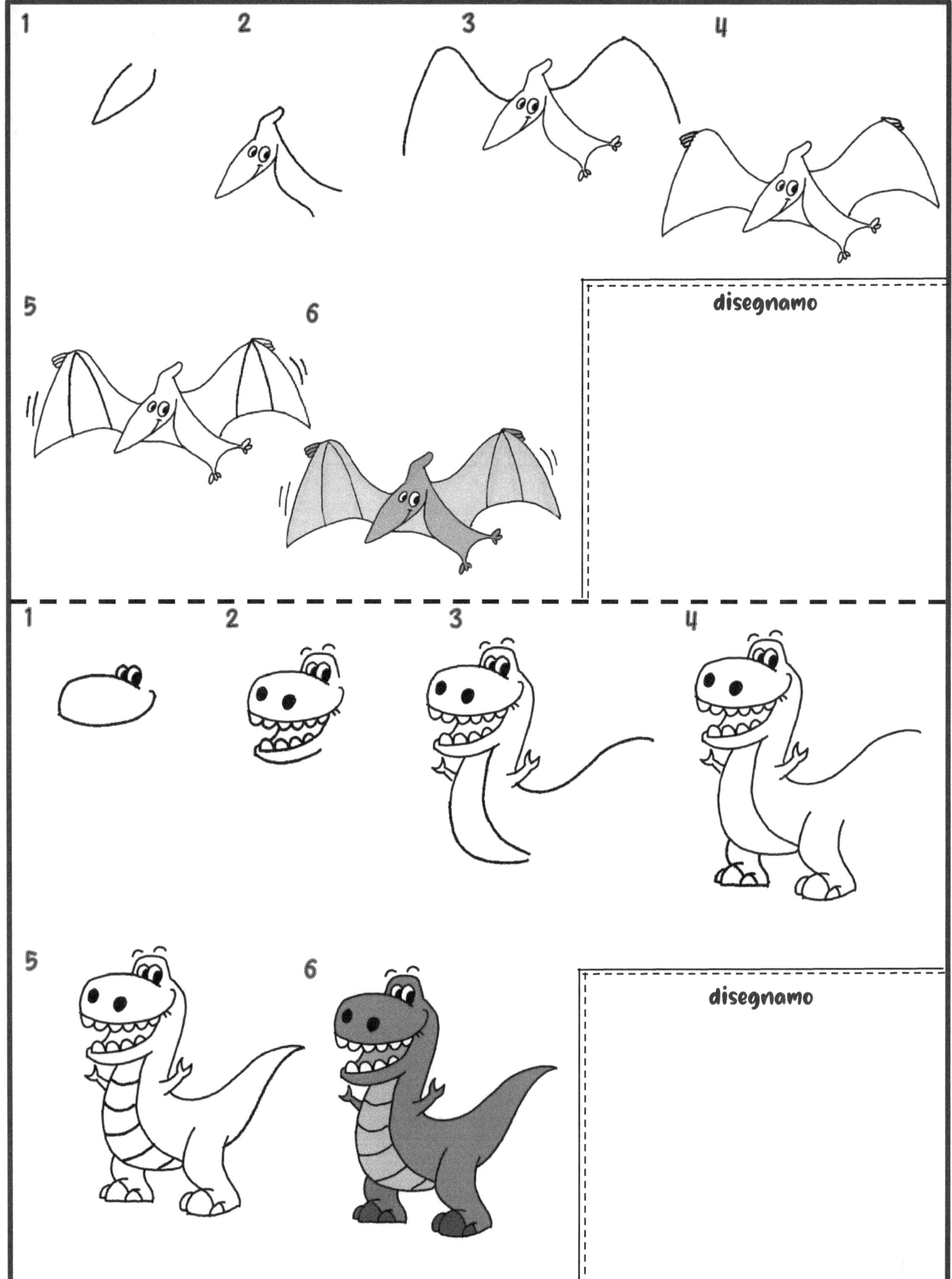

disegnamo
disegnamo

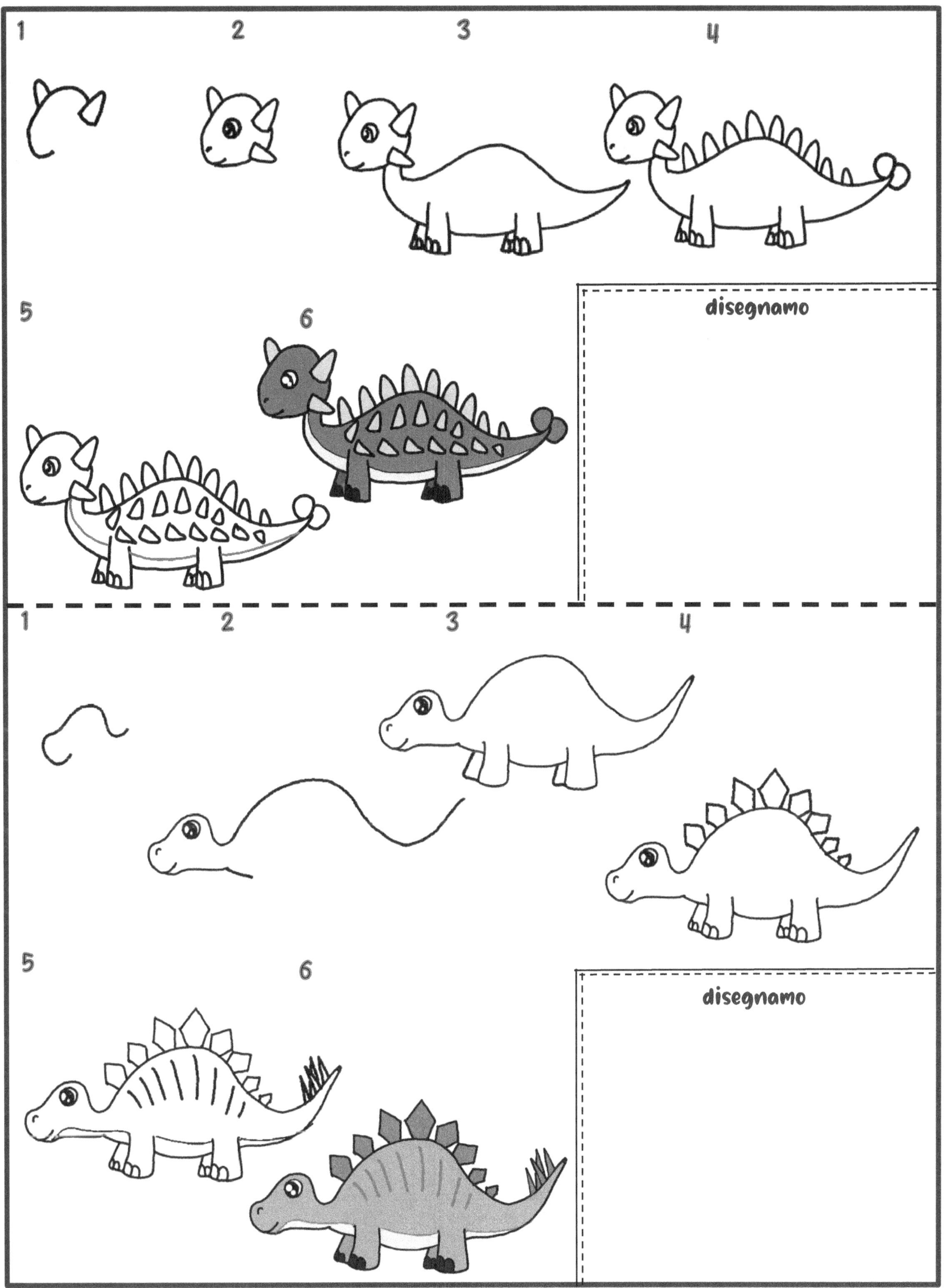

1
2
3
4
disegnamo
5
6
1
2
3
4
5
6
disegnamo

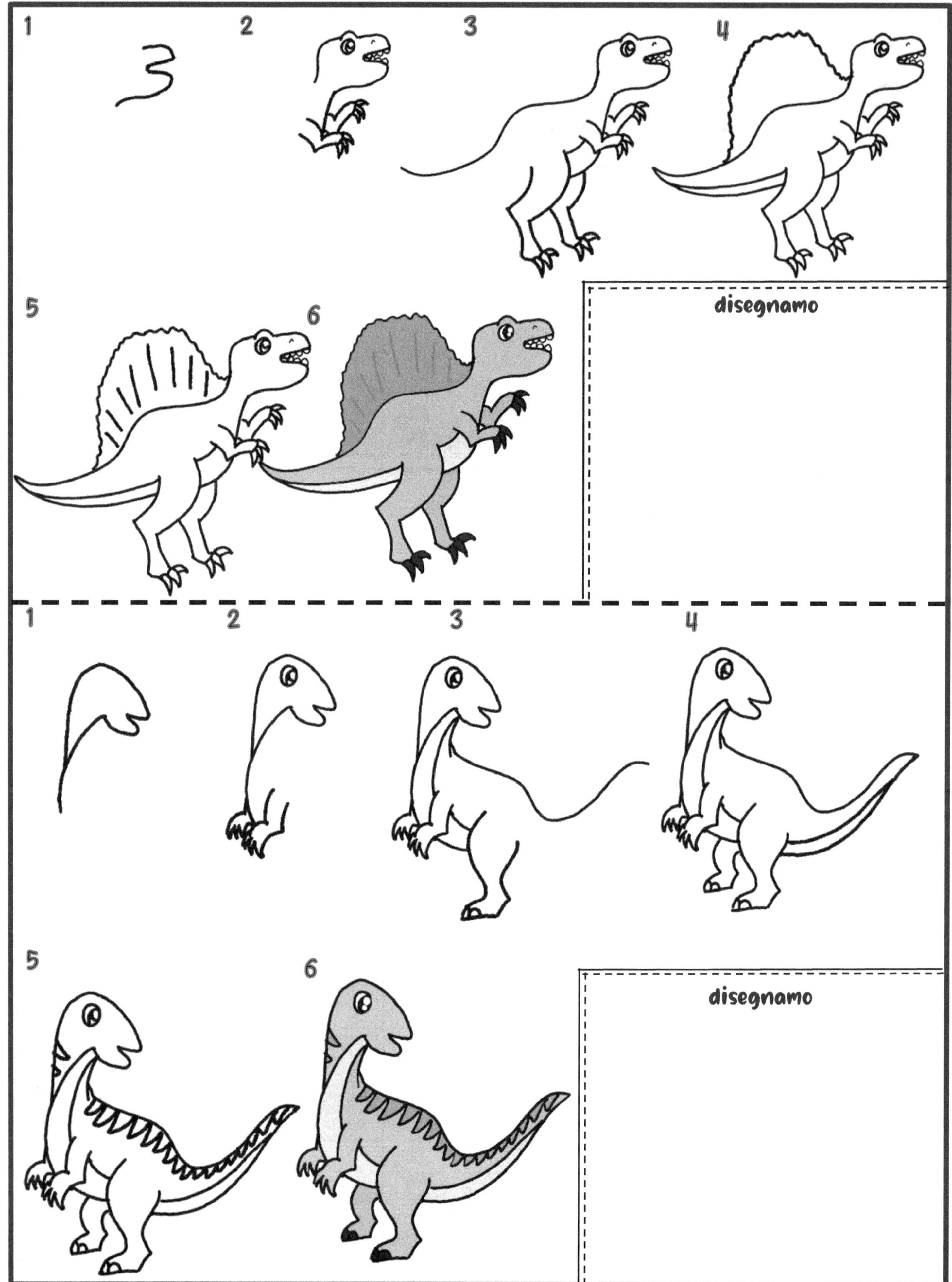

1
2
3
4
disegnamo
5
6
1
2
3
4
5
6
disegnamo

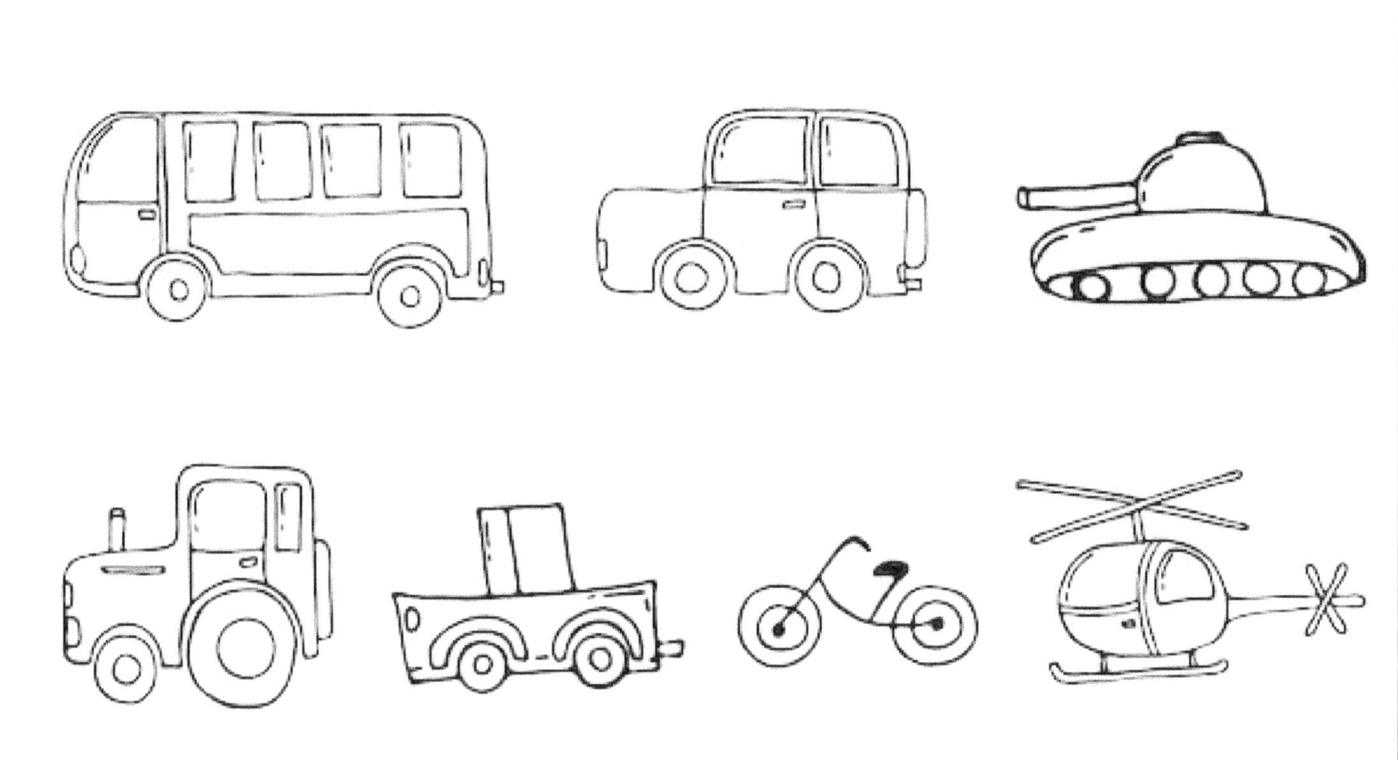

Giocattoli, automobili e camion

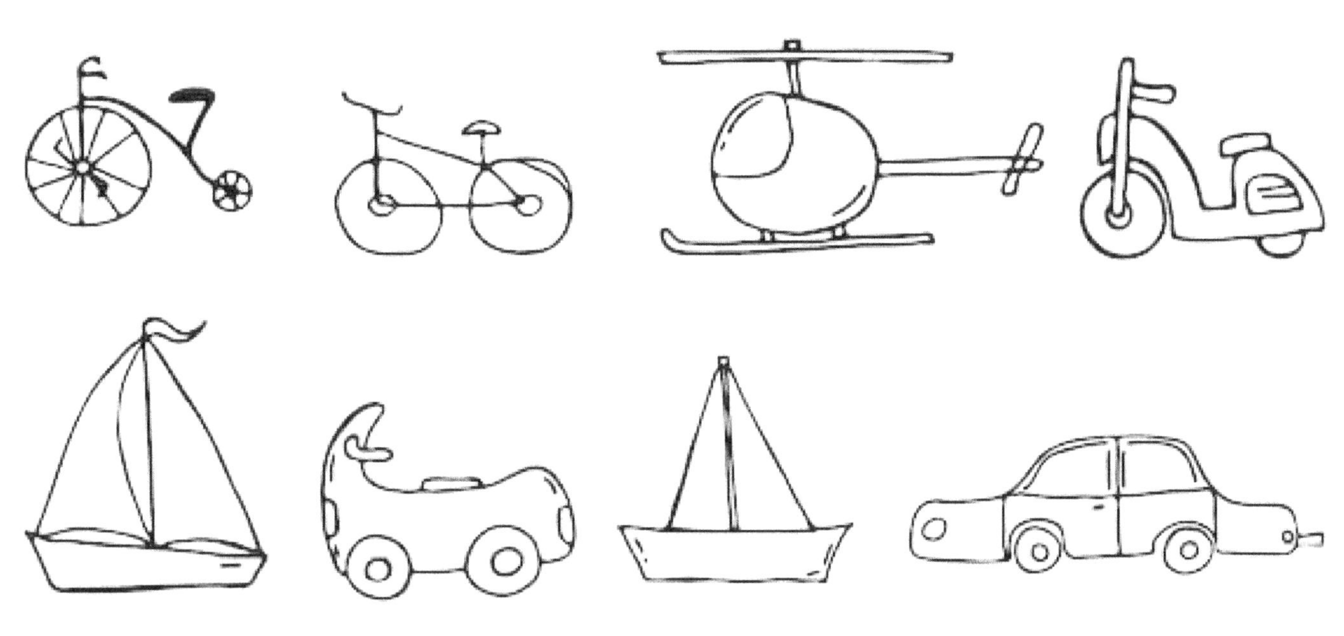

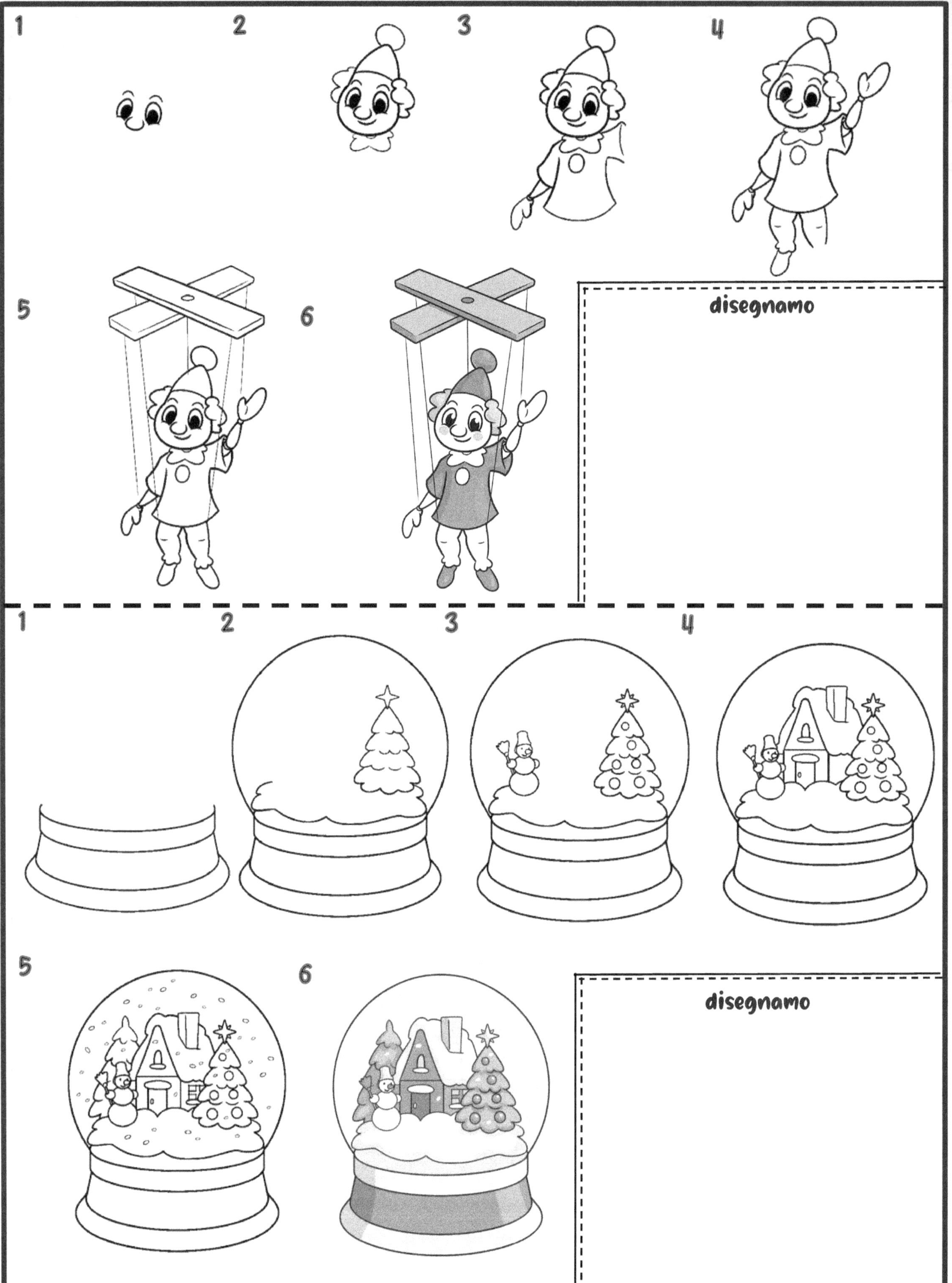

1
2
3
4
disegnamo
5
6
1
2
3
4
5
6
disegnamo

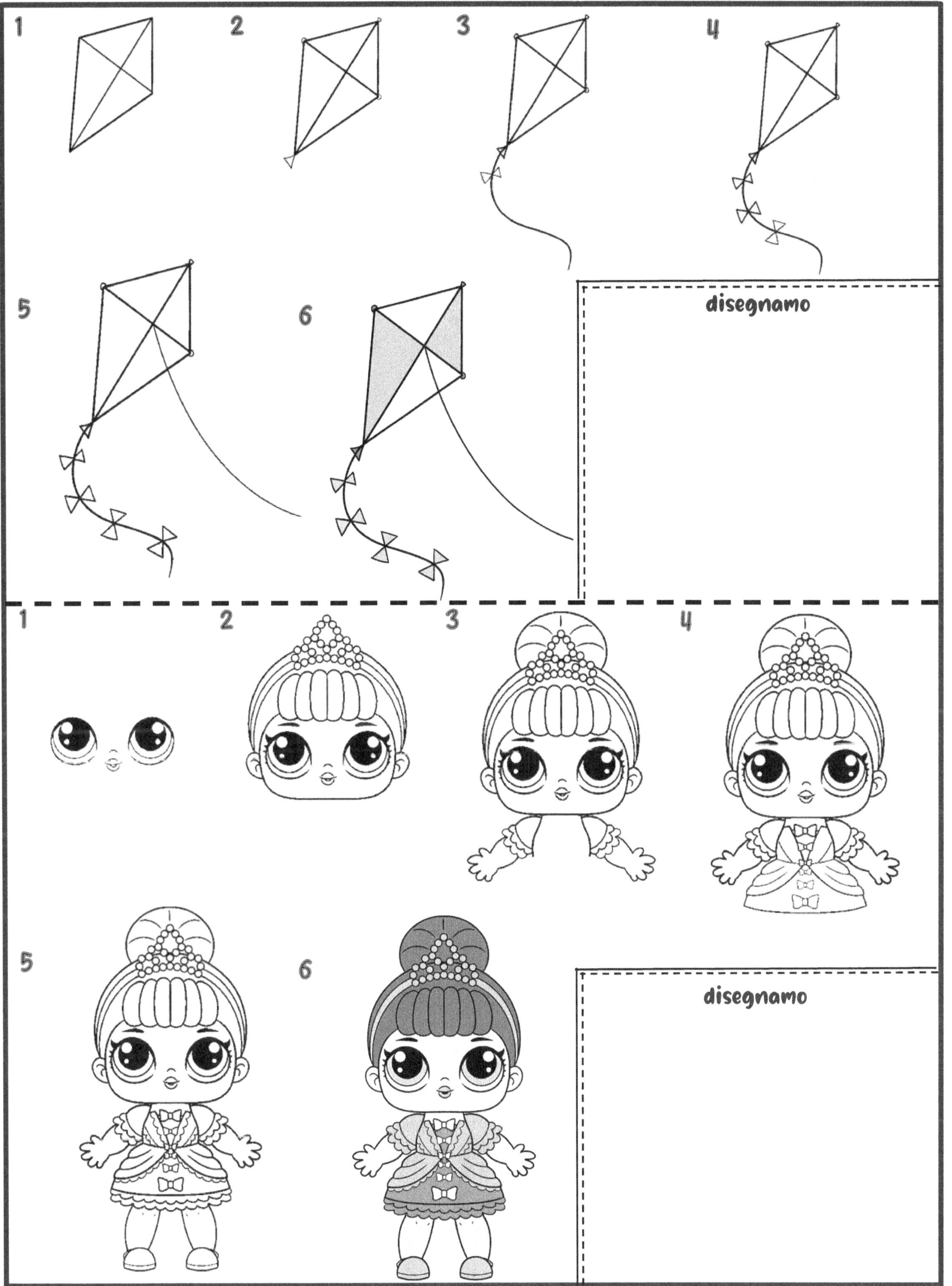

1
2
3
4
disegnamo
5
6
1
2
3
4
disegnamo
5
6

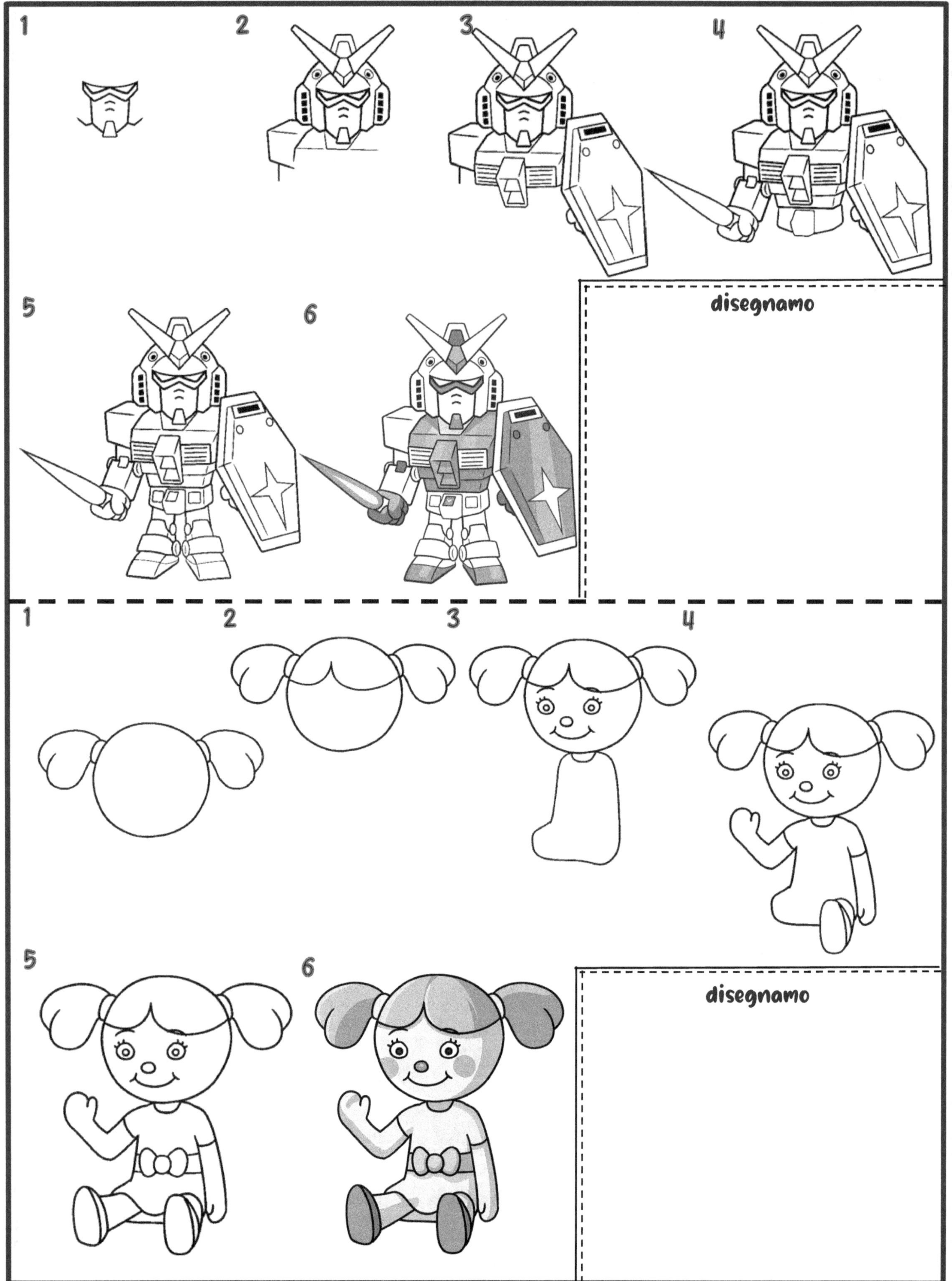

1
2
3
4
disegnamo
5
6
1
2
3
4
disegnamo
5
6

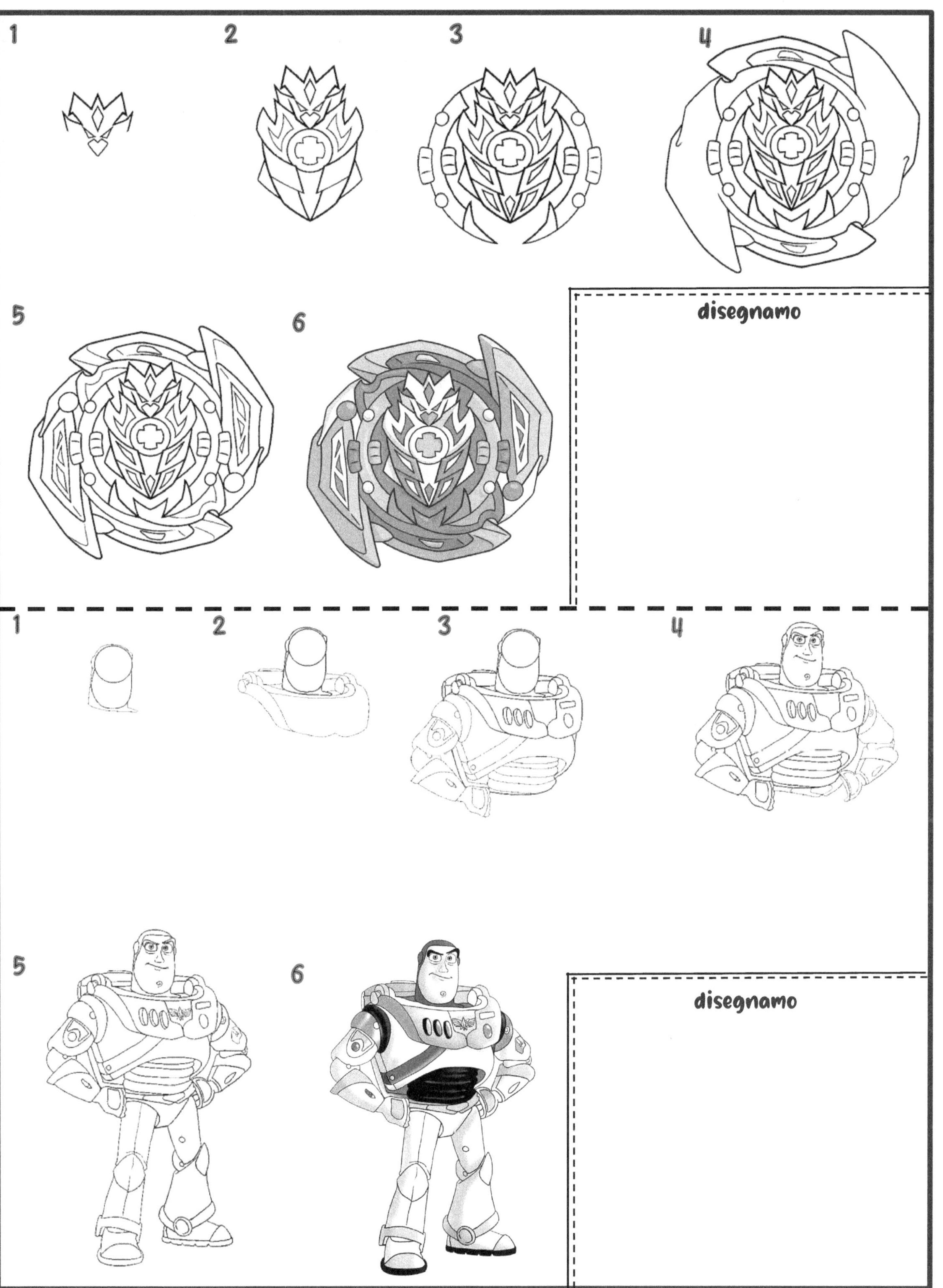

1
2
3
4
disegnamo
5
6
1
2
3
4
5
6
disegnamo

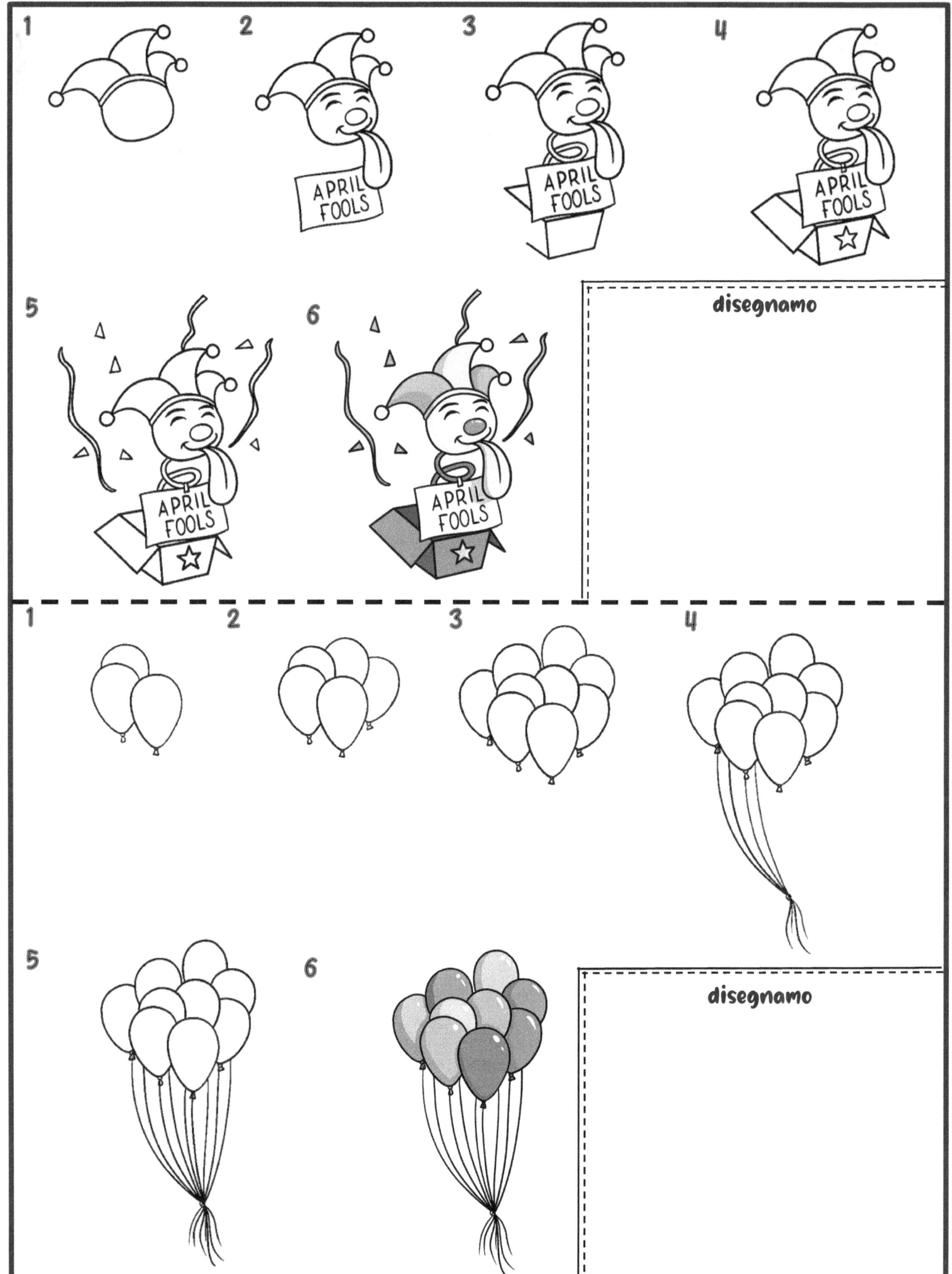

disegnamo
APRIL FOOLS
APRIL FOOLS
APRIL FOOLS
APRIL FOOLS
APRIL FOOLS
disegnamo

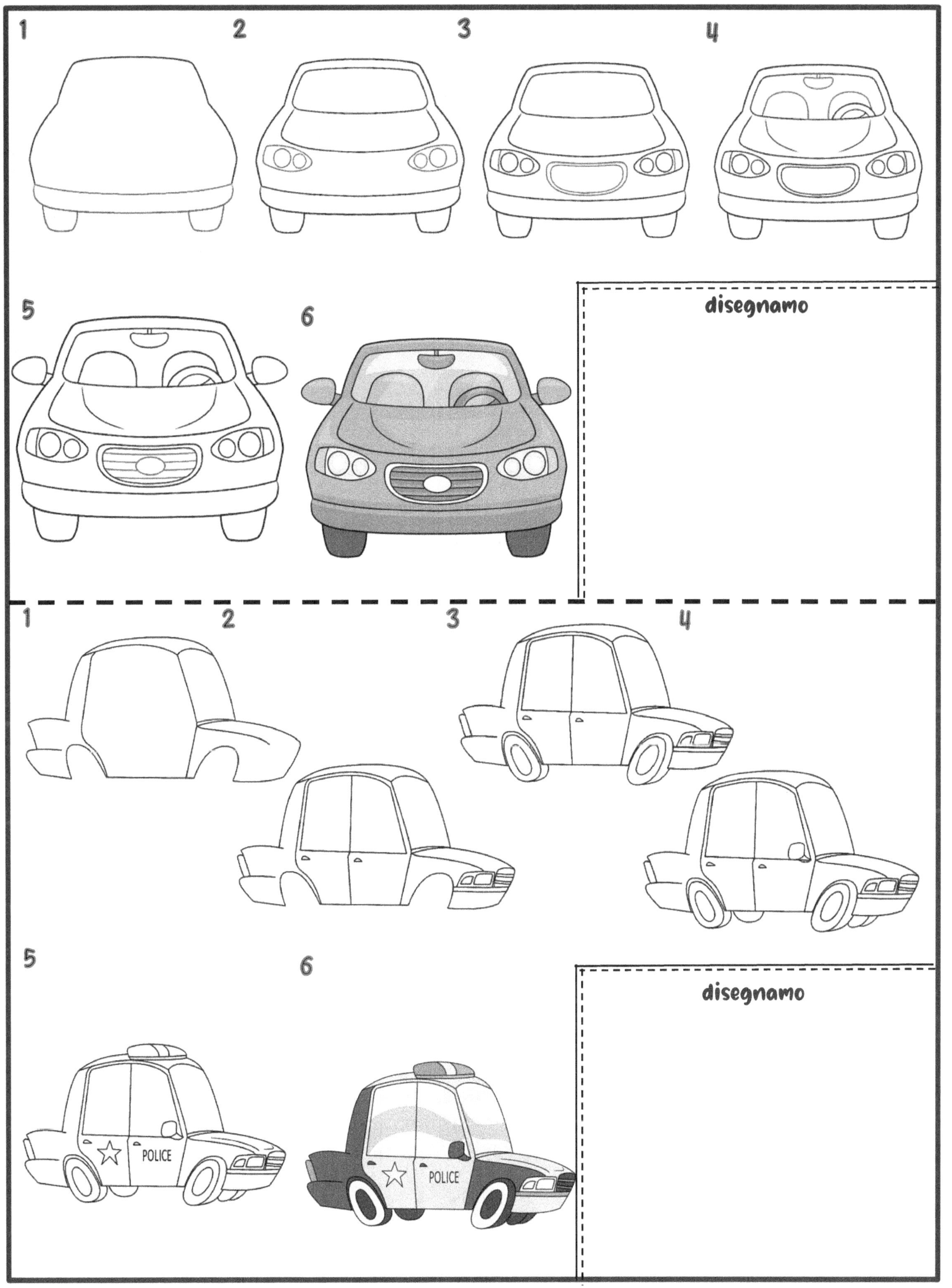
1
2
3
4
5
6
disegnamo
1
2
3
4
5
6
POLICE
disegnamo
POLICE

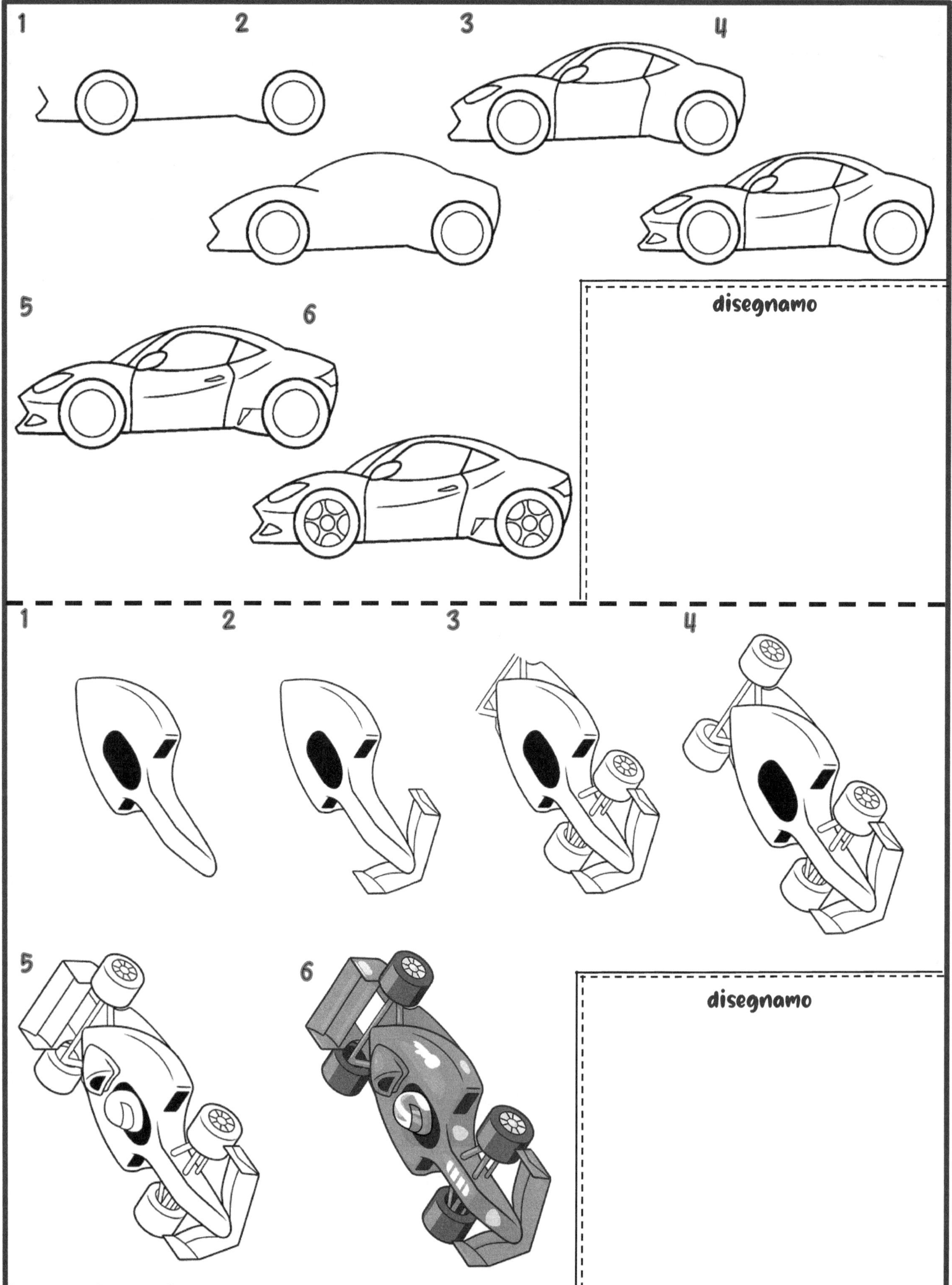

1
2
3
4
disegnamo
5
6
1
2
3
4
disegnamo
5
6

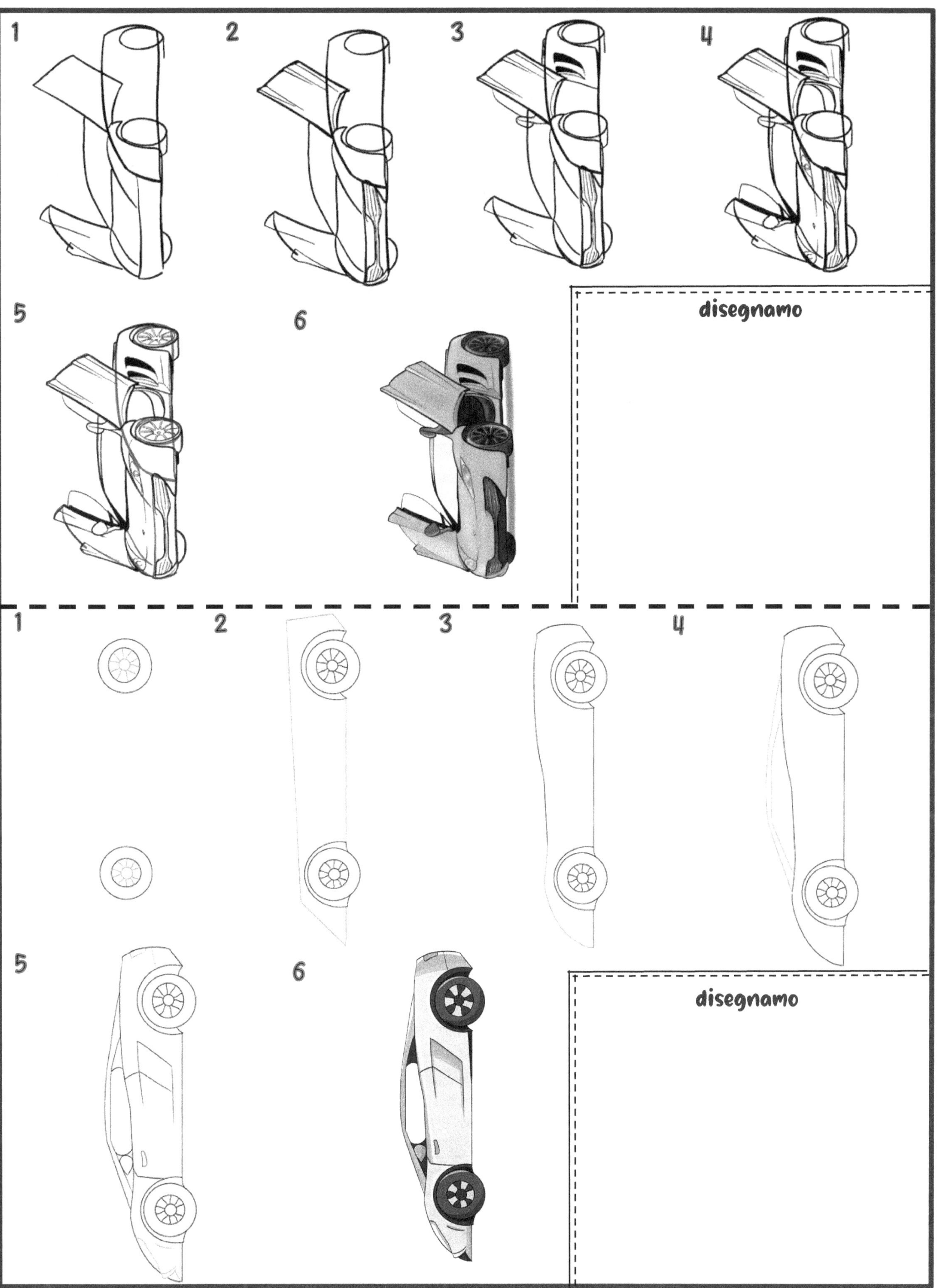

disegnamo
disegnamo

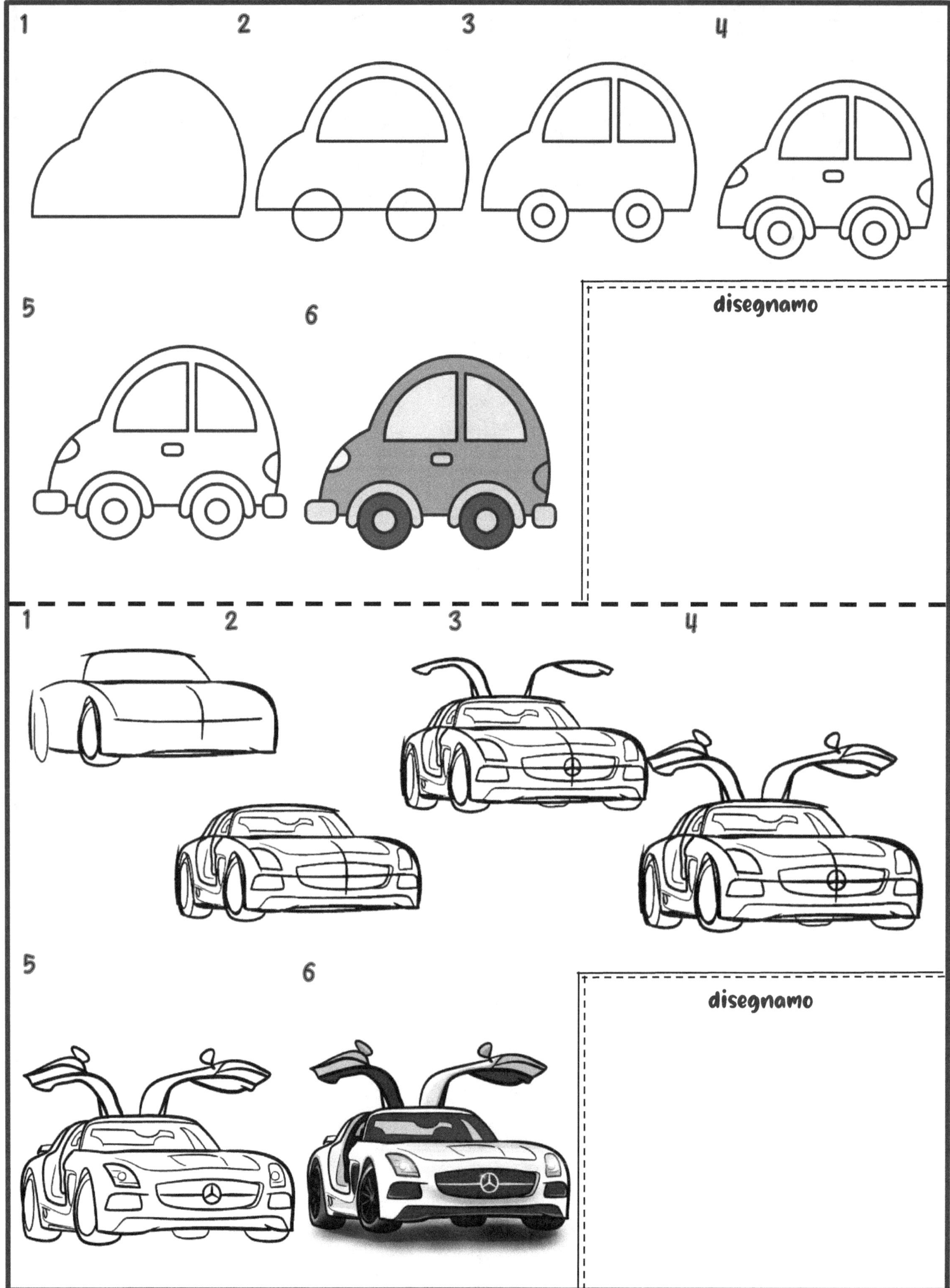

1
2
3
4
disegnamo
5
6
1
2
3
4
disegnamo
5
6

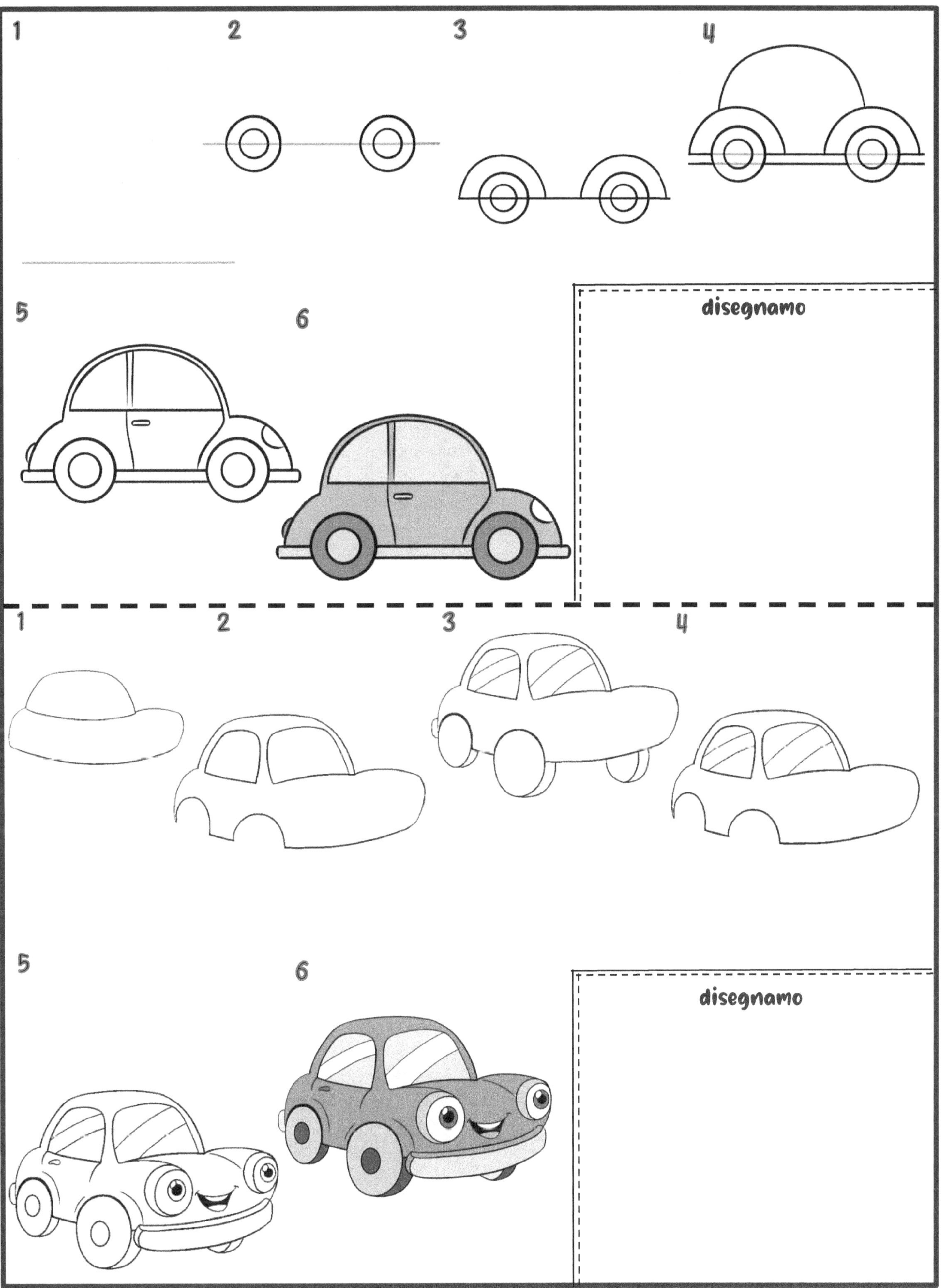

1
2
3
4
disegnamo
5
6
1
2
3
4
5
6
disegnamo

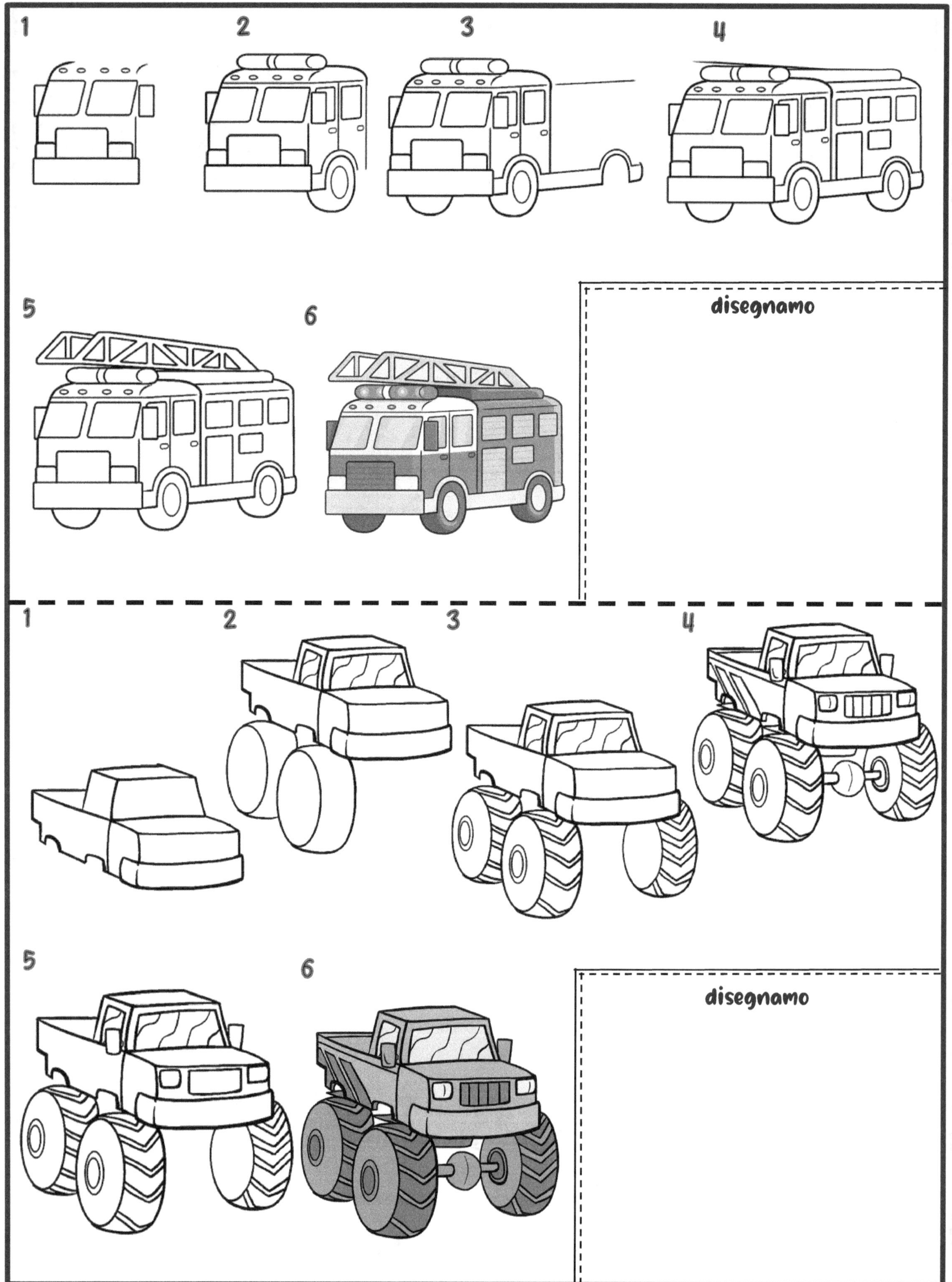
disegnamo
disegnamo

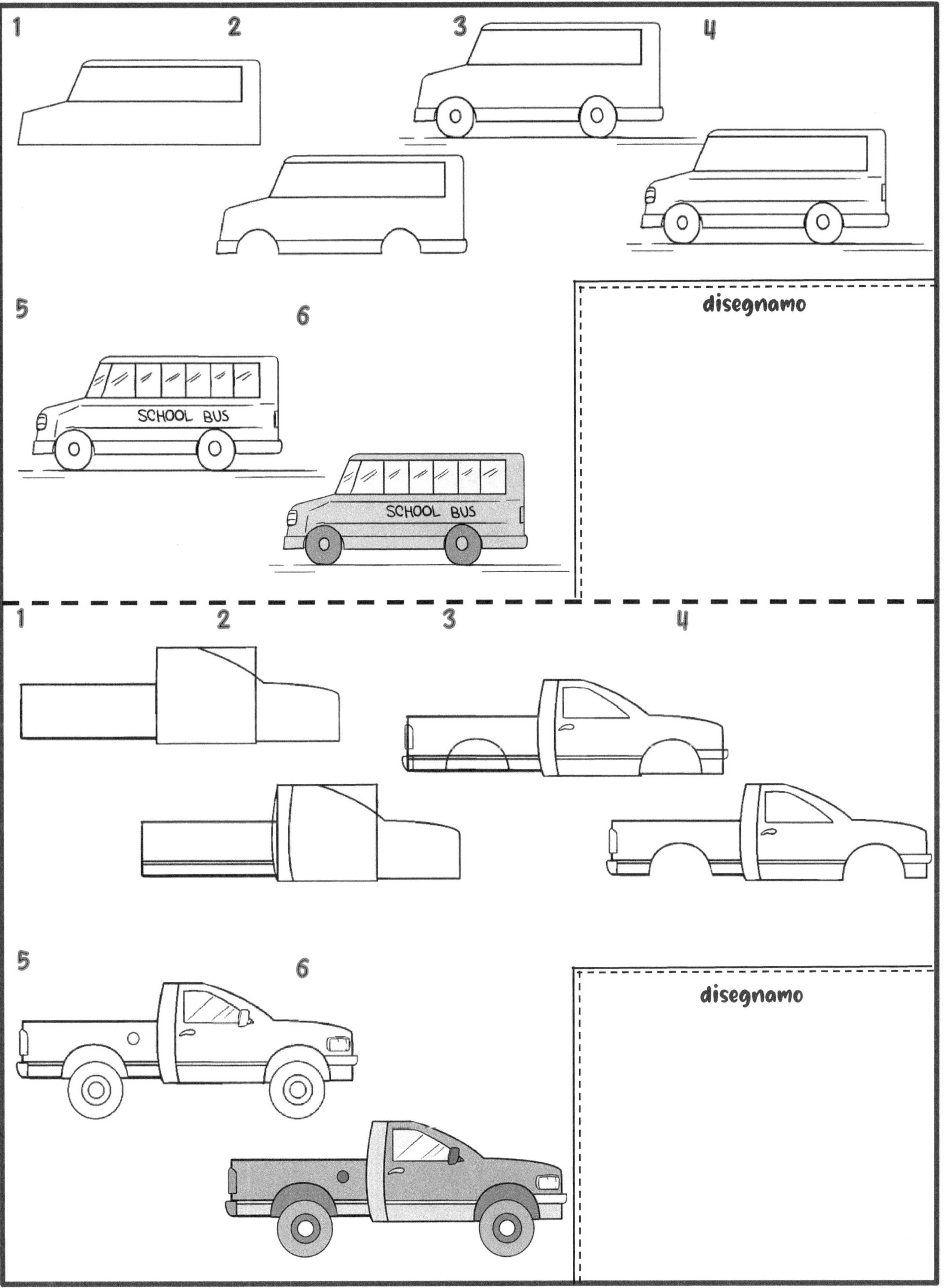
1
2
3
4
disegnamo
5
6
SCHOOL BUS
SCHOOL BUS
1
2
3
4
5
6
disegnamo

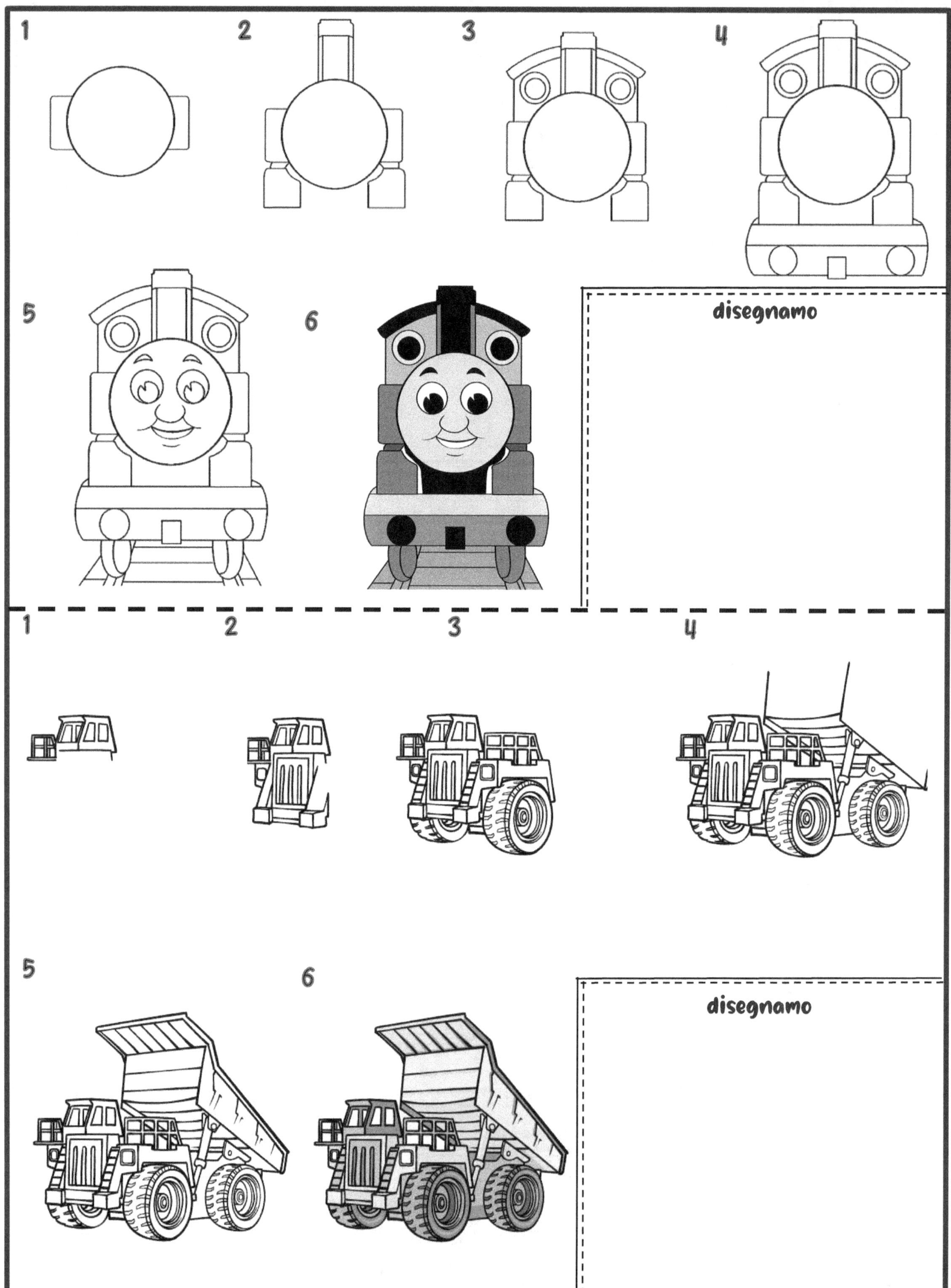

disegnamo
disegnamo

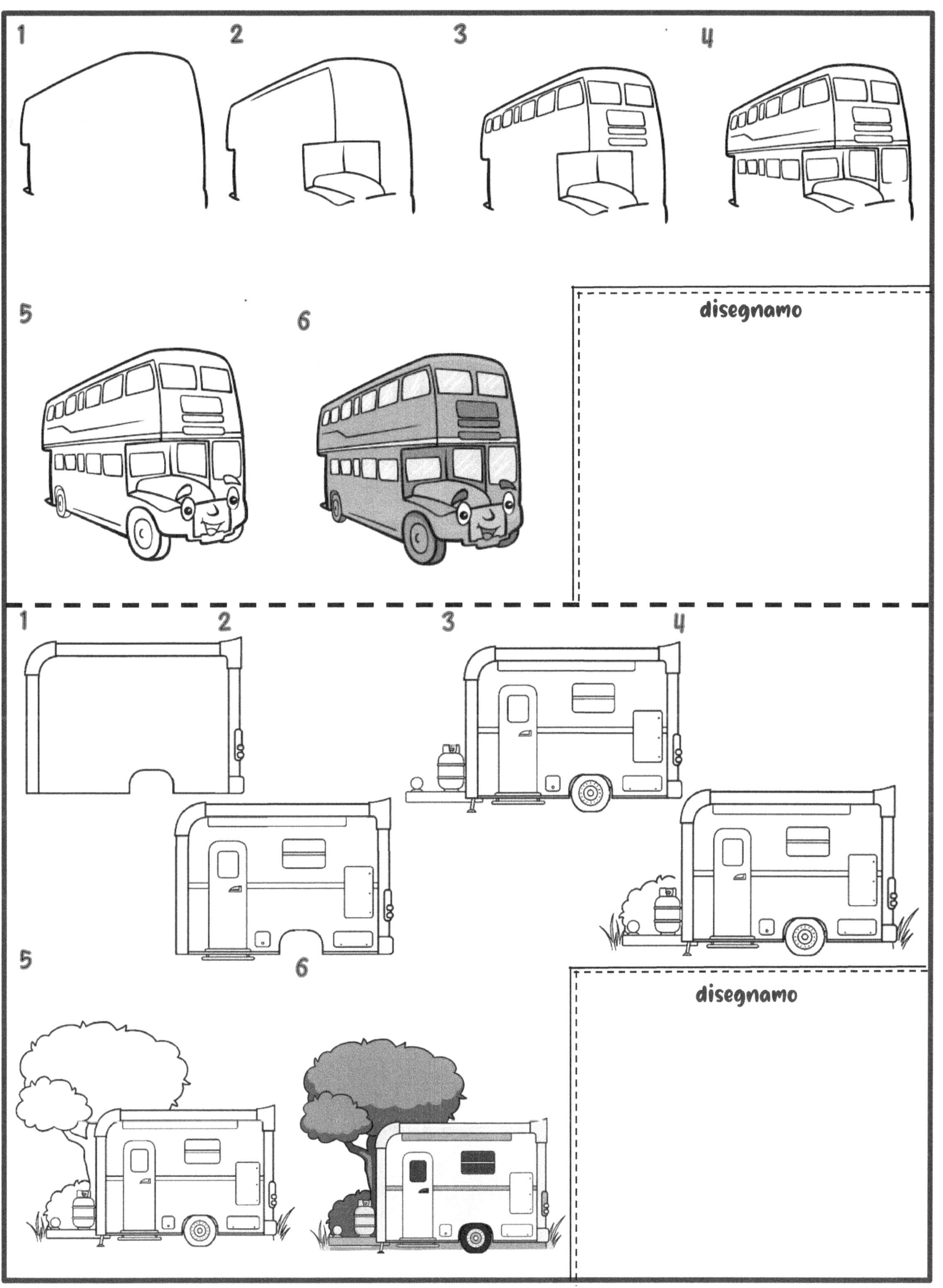
disegnamo
disegnamo

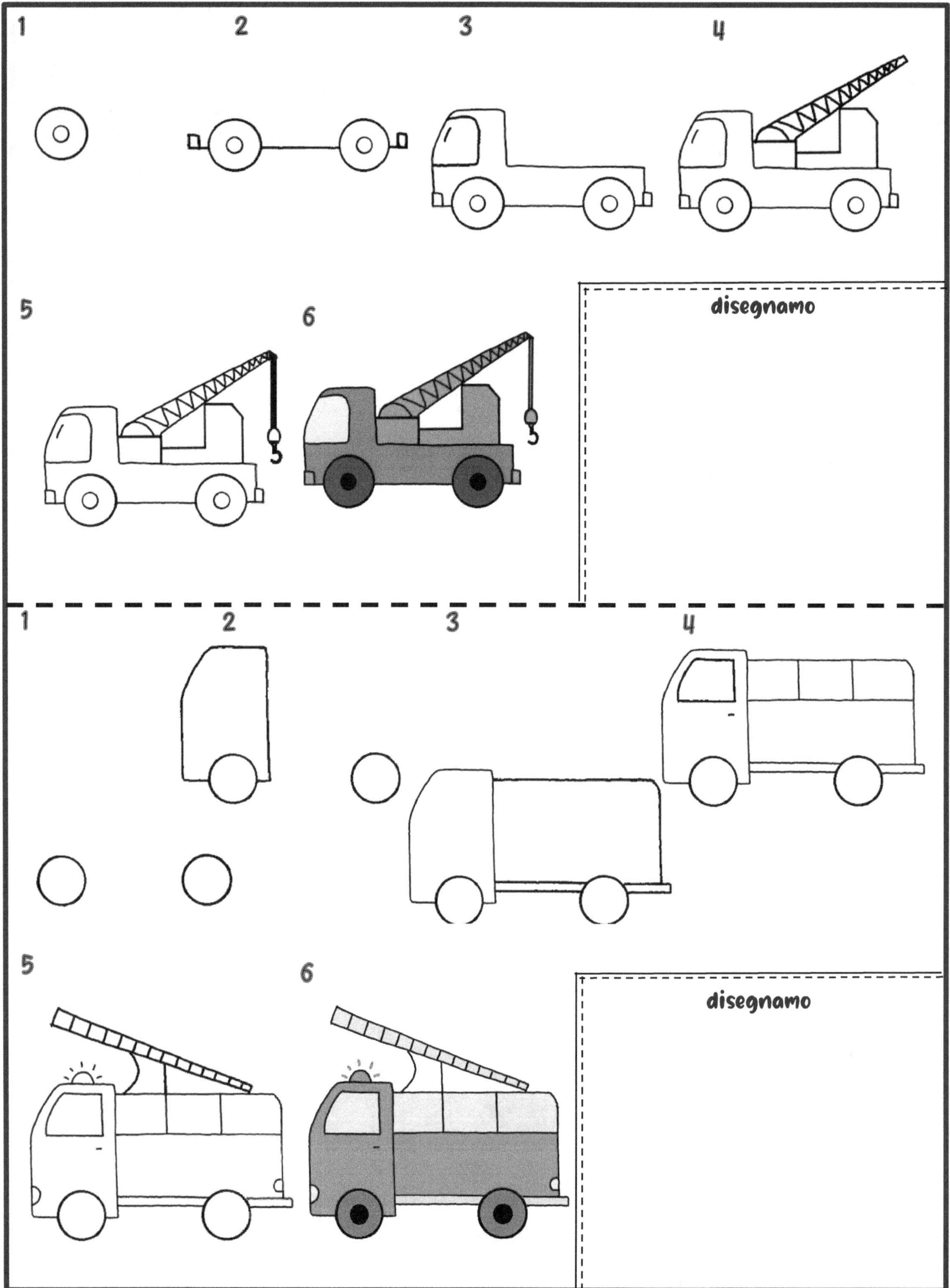
disegnamo
disegnamo

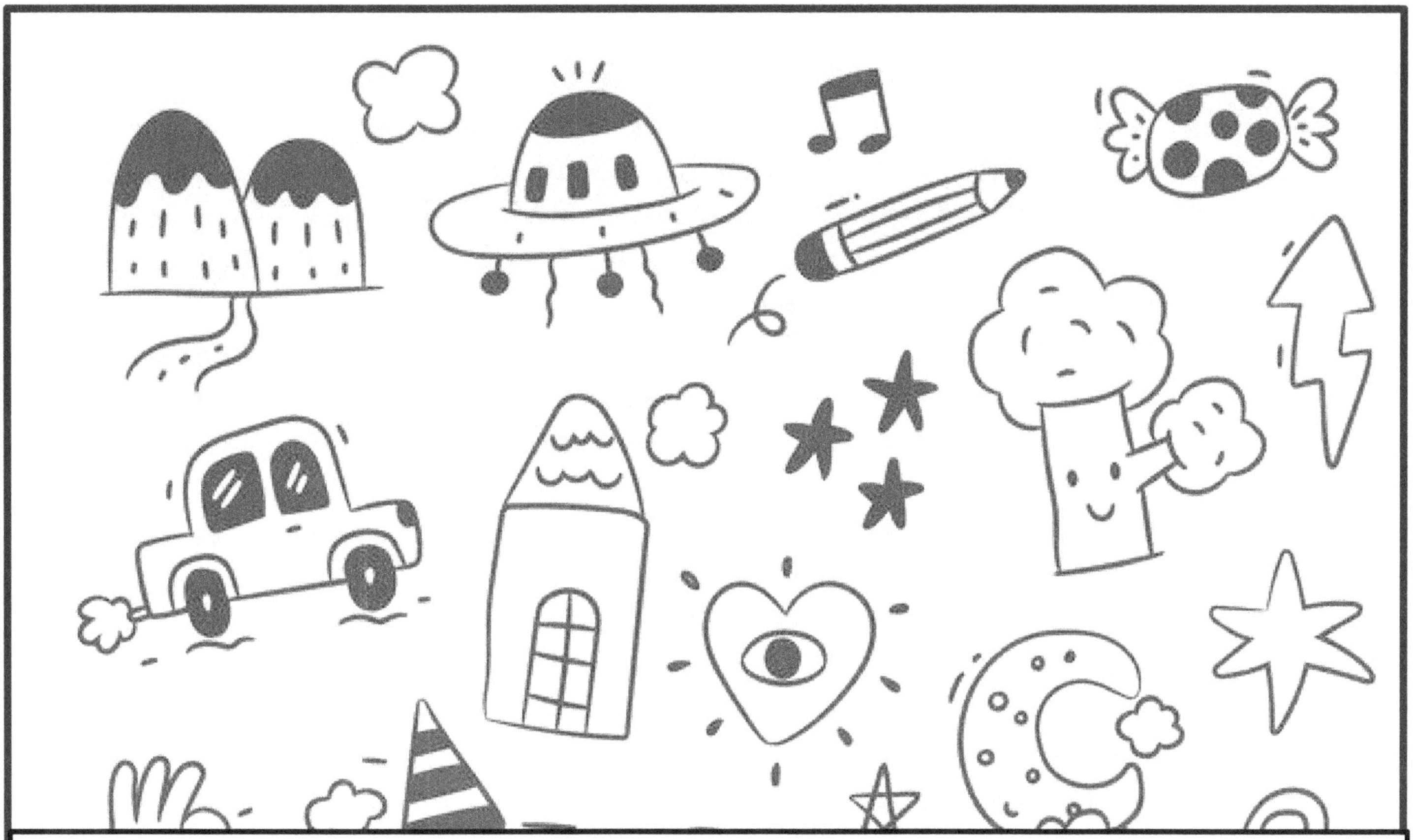

dolce e veicoli

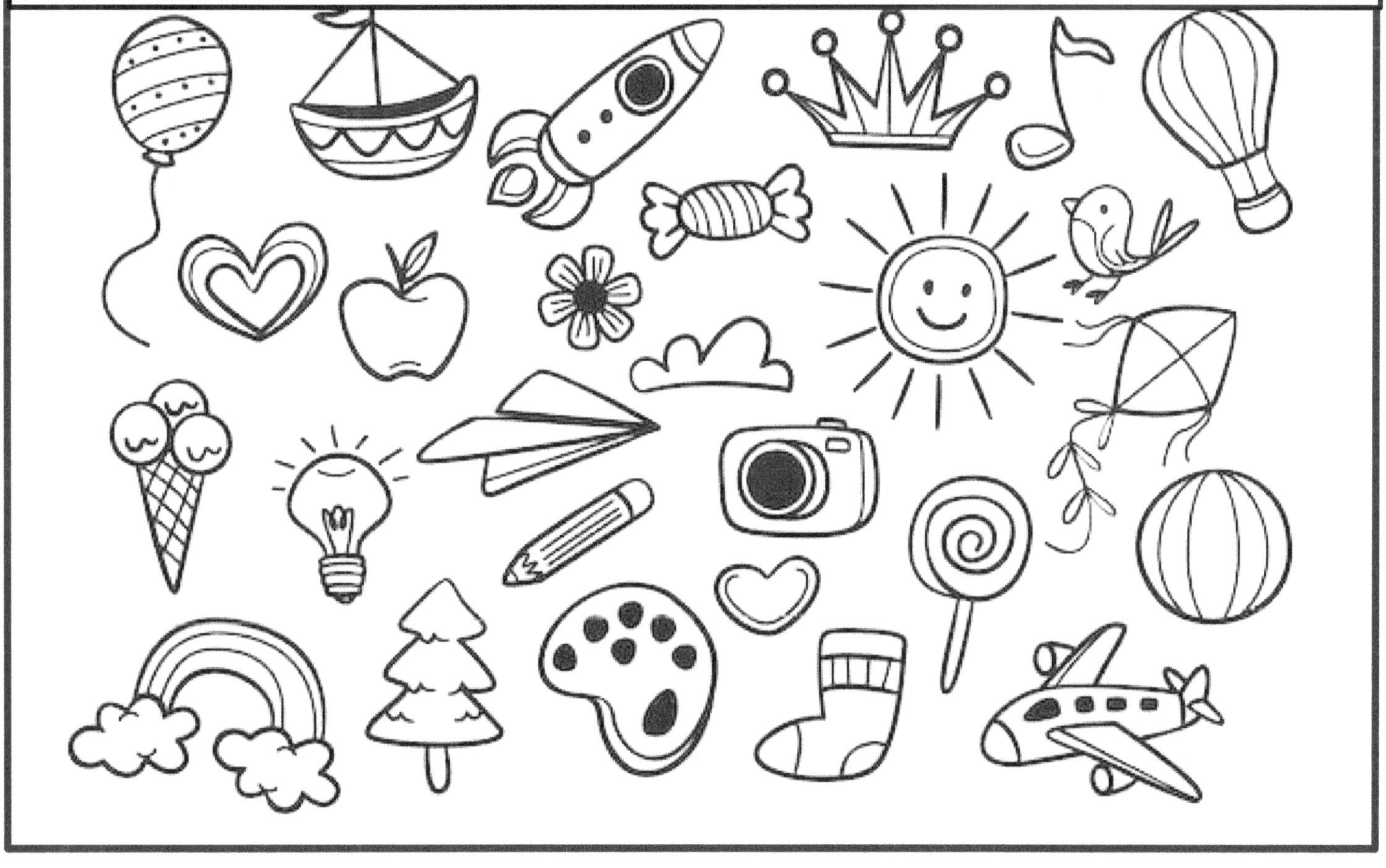

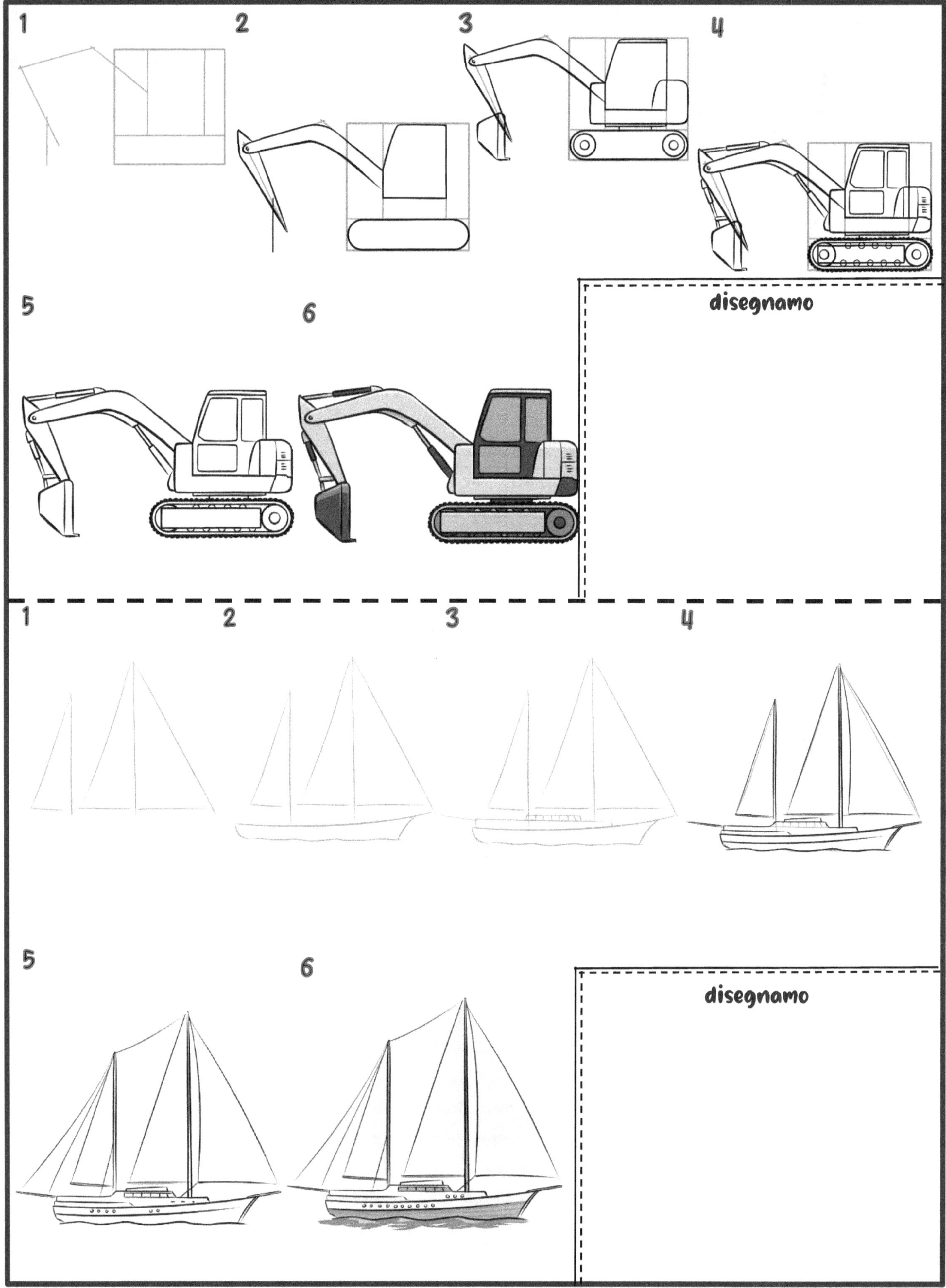
1
2
3
4
disegnamo
5
6
1
2
3
4
5
6
disegnamo

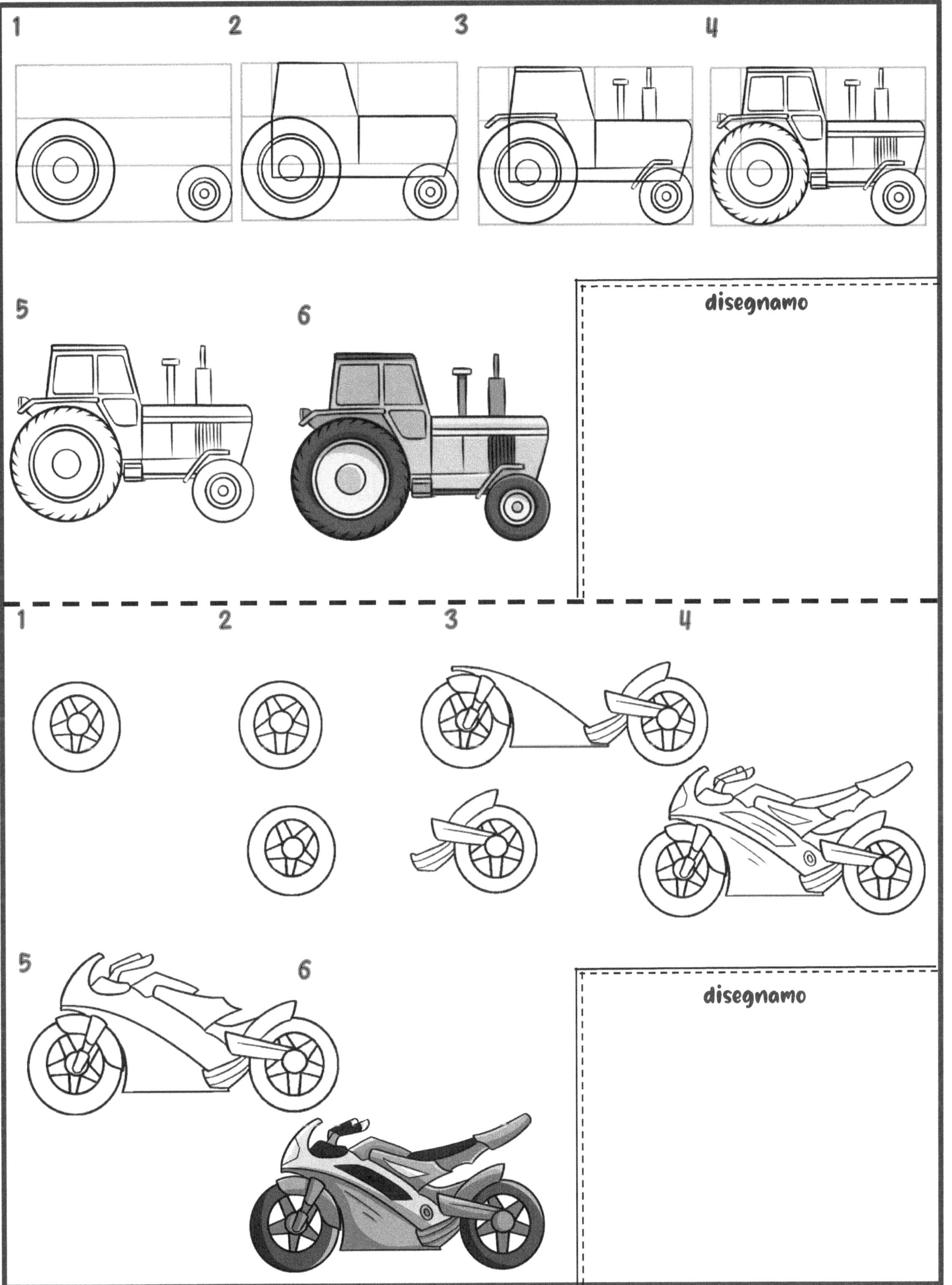

1
2
3
4
disegnamo
5
6
1
2
3
4
disegnamo
5
6

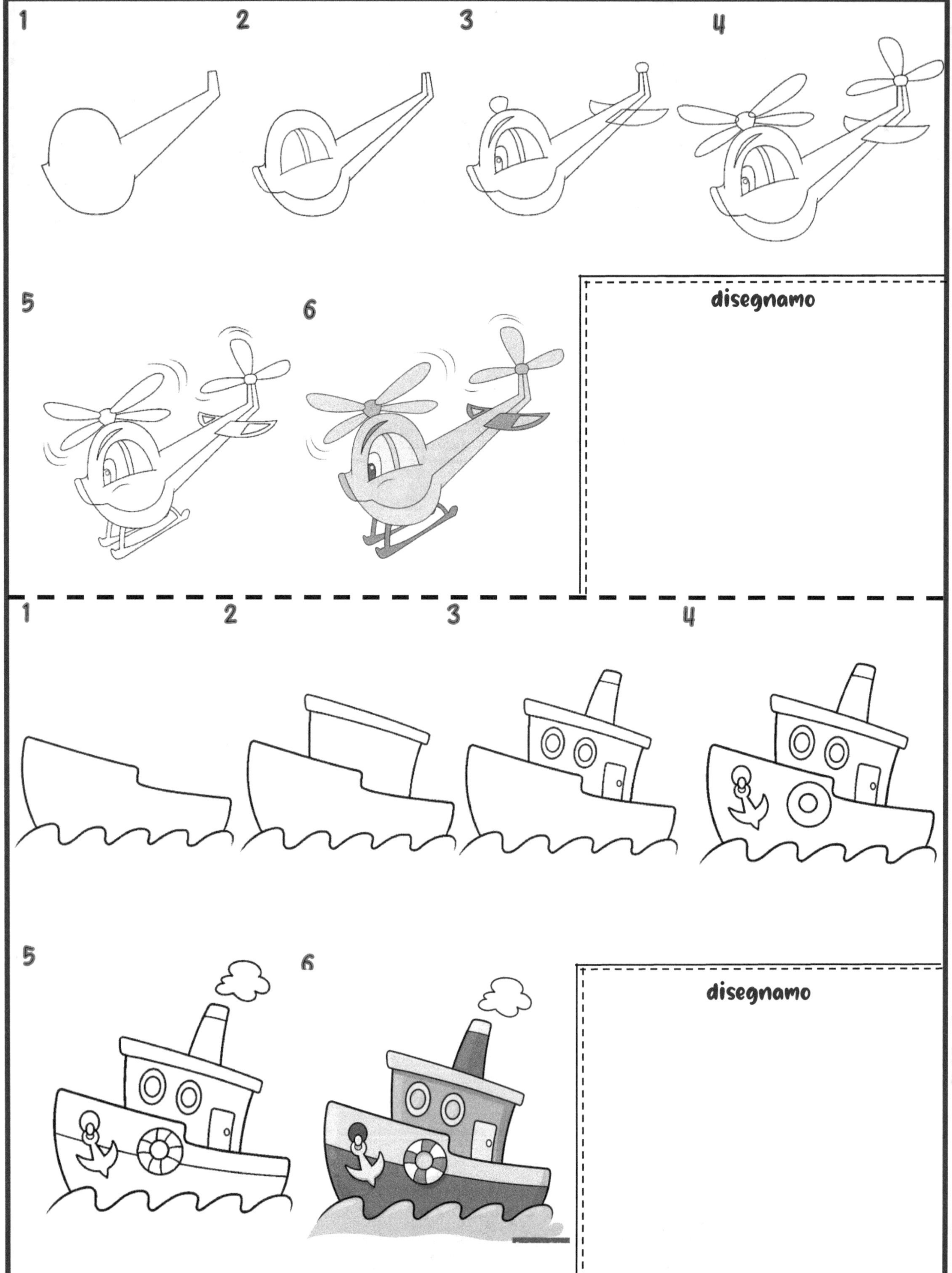

1
2
3
4
5
6
disegnamo
1
2
3
4
5
6
disegnamo

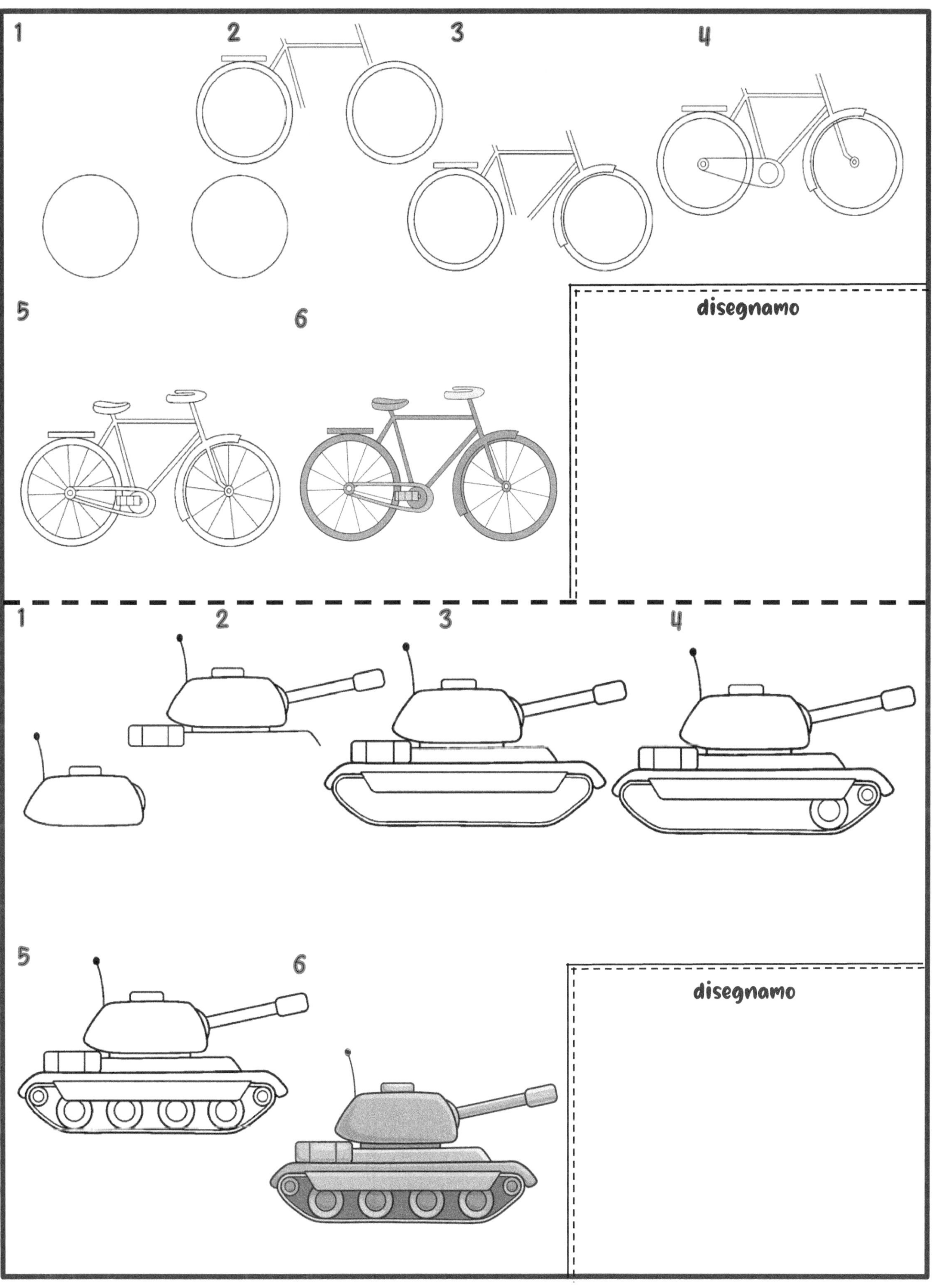

1
2
3
4
disegnamo
5
6
1
2
3
4
disegnamo
5
6

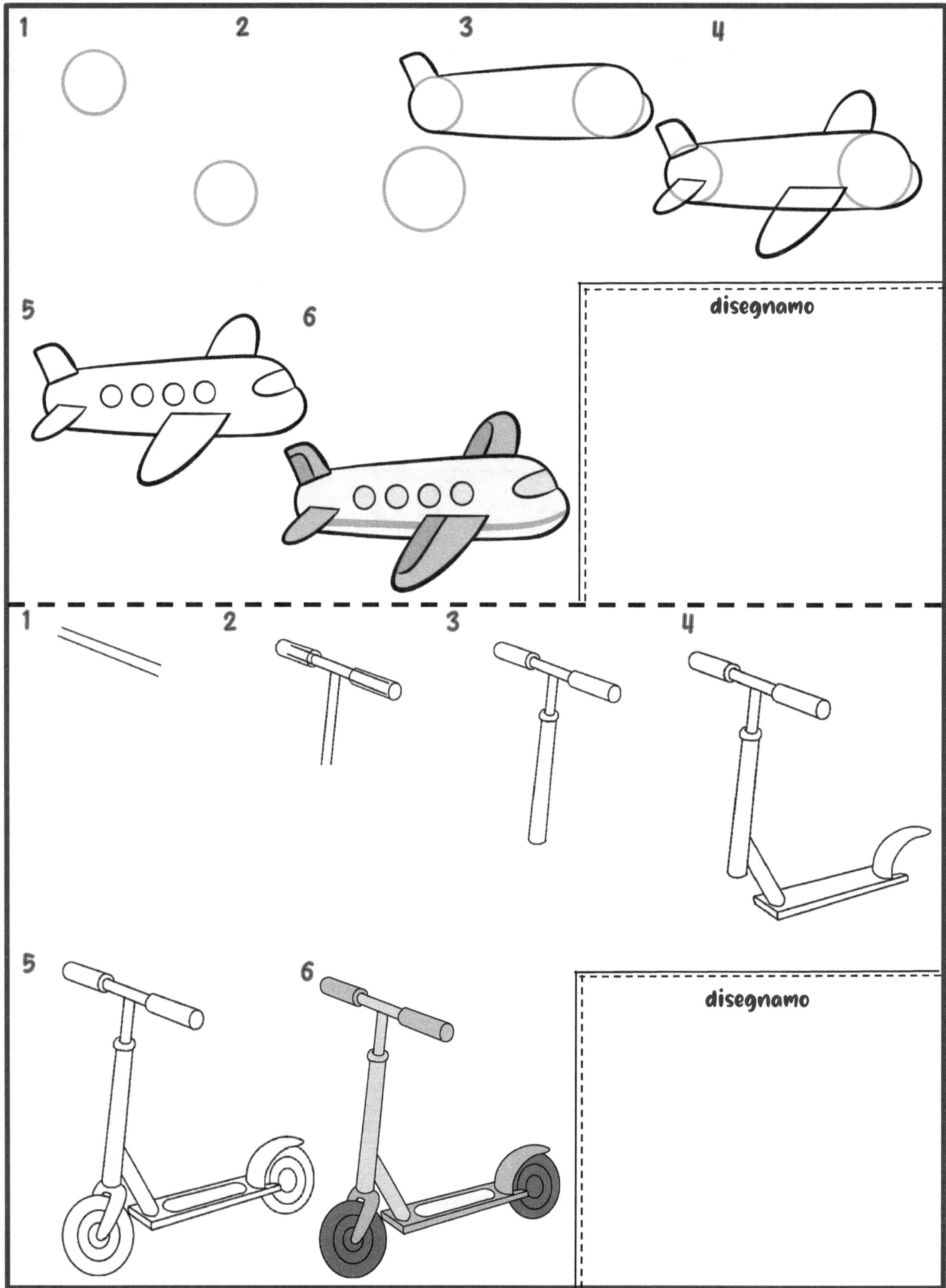

1
2
3
4
disegnamo
5
6
1
2
3
4
disegnamo
5
6

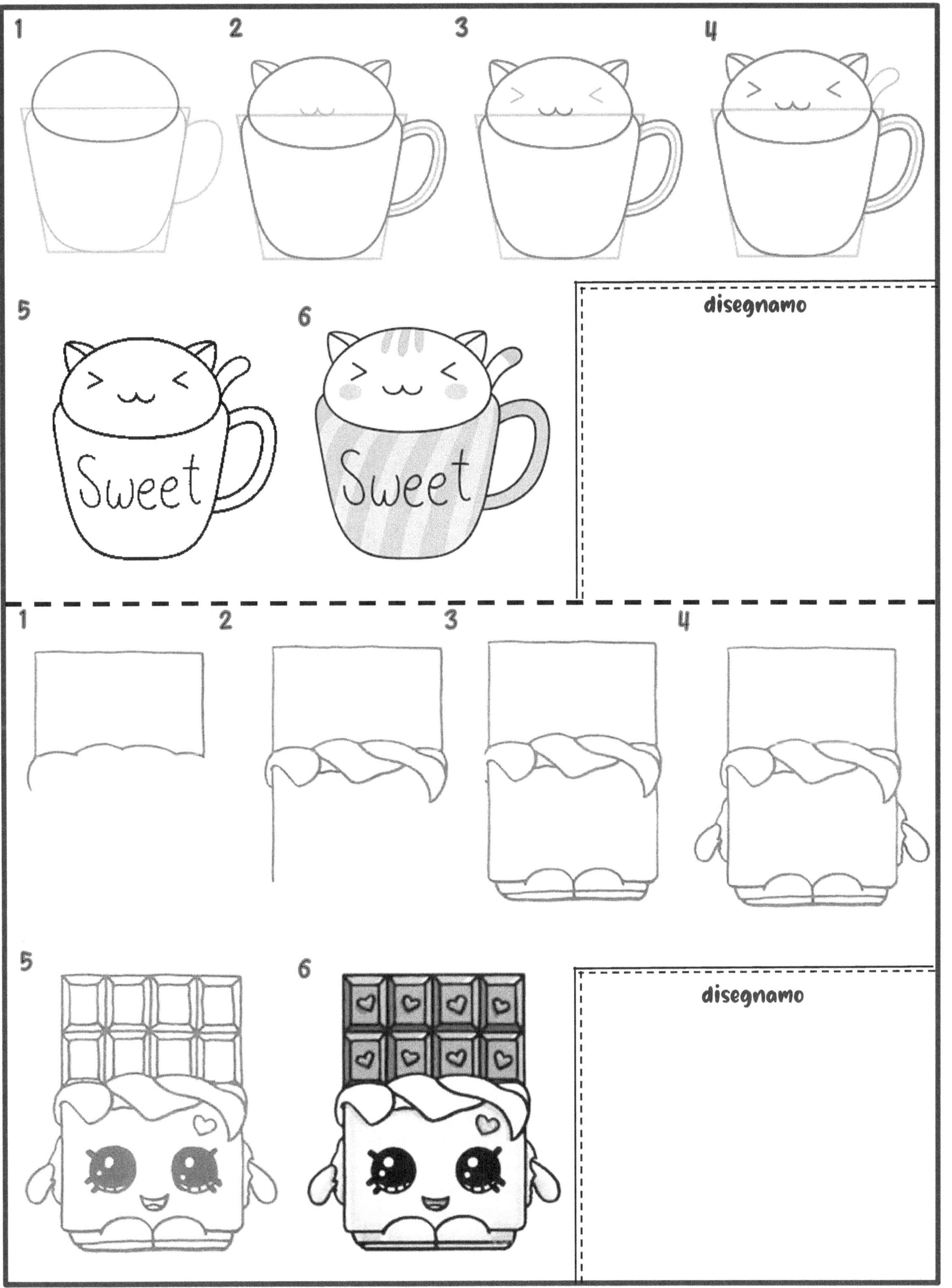

1
2
3
4
disegnamo
5
Sweet
6
Sweet
1
2
3
4
disegnamo
5
6

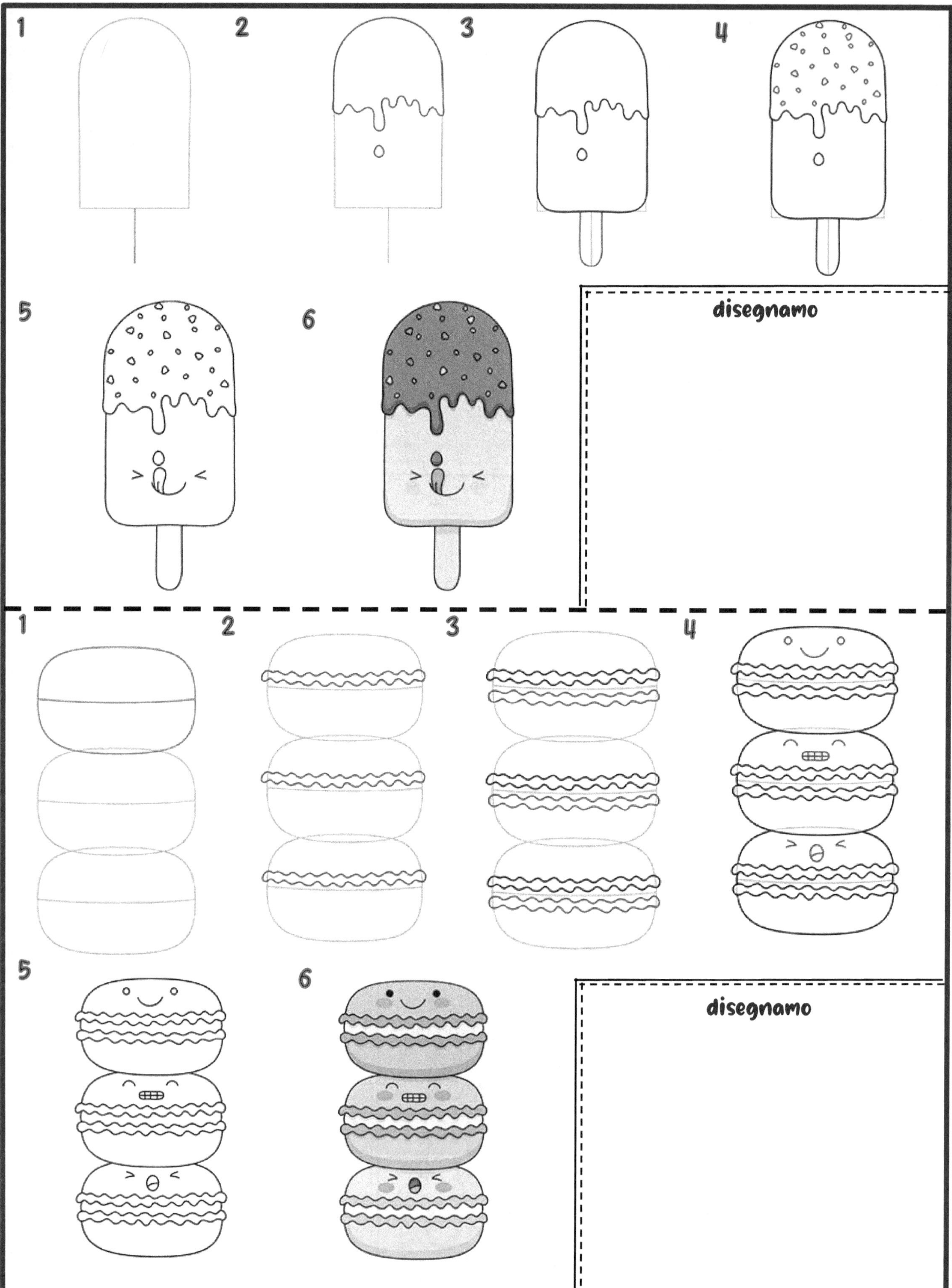

disegnamo
disegnamo

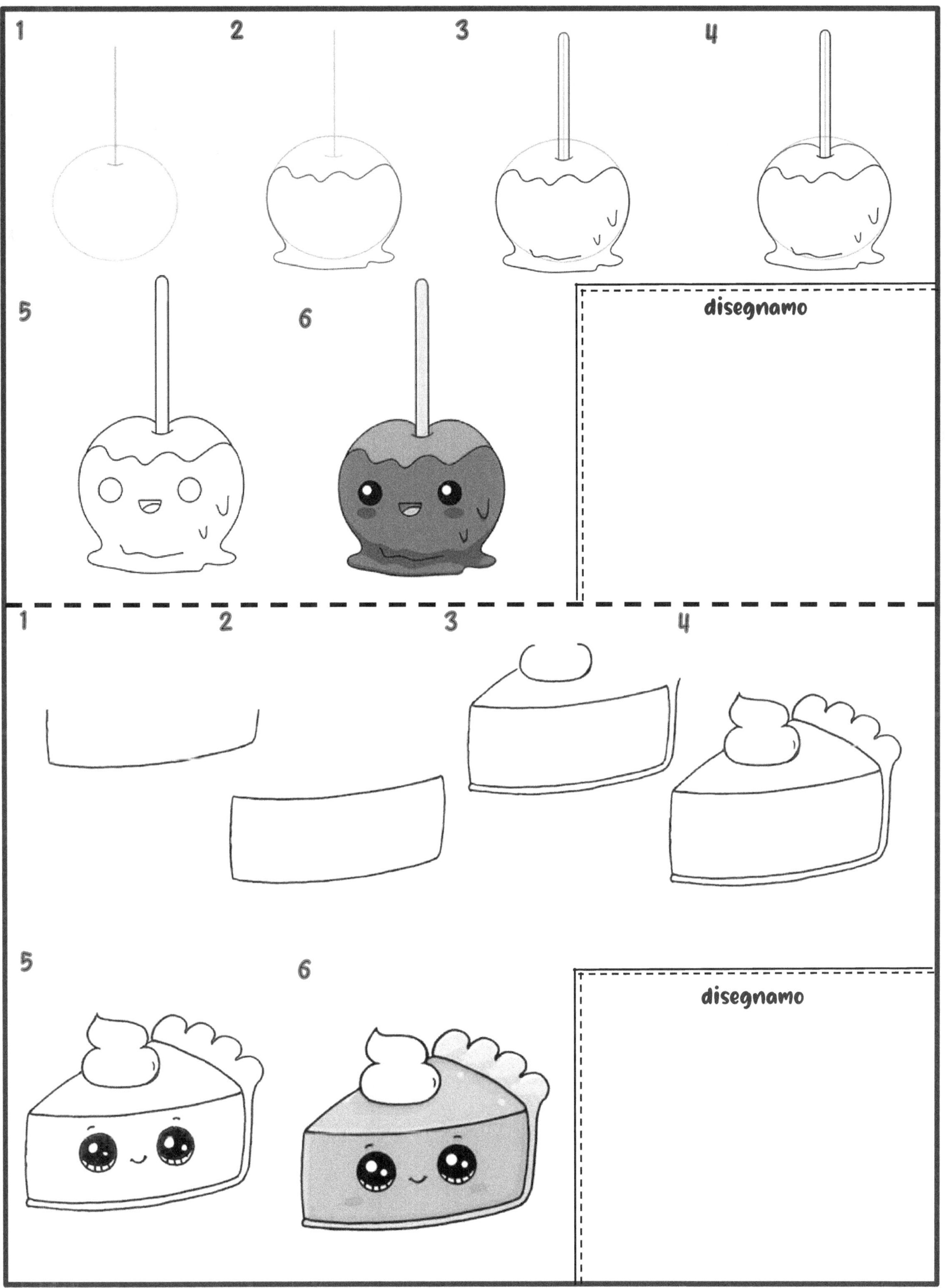

1
2
3
4
disegnamo
5
6
1
2
3
4
disegnamo
5
6

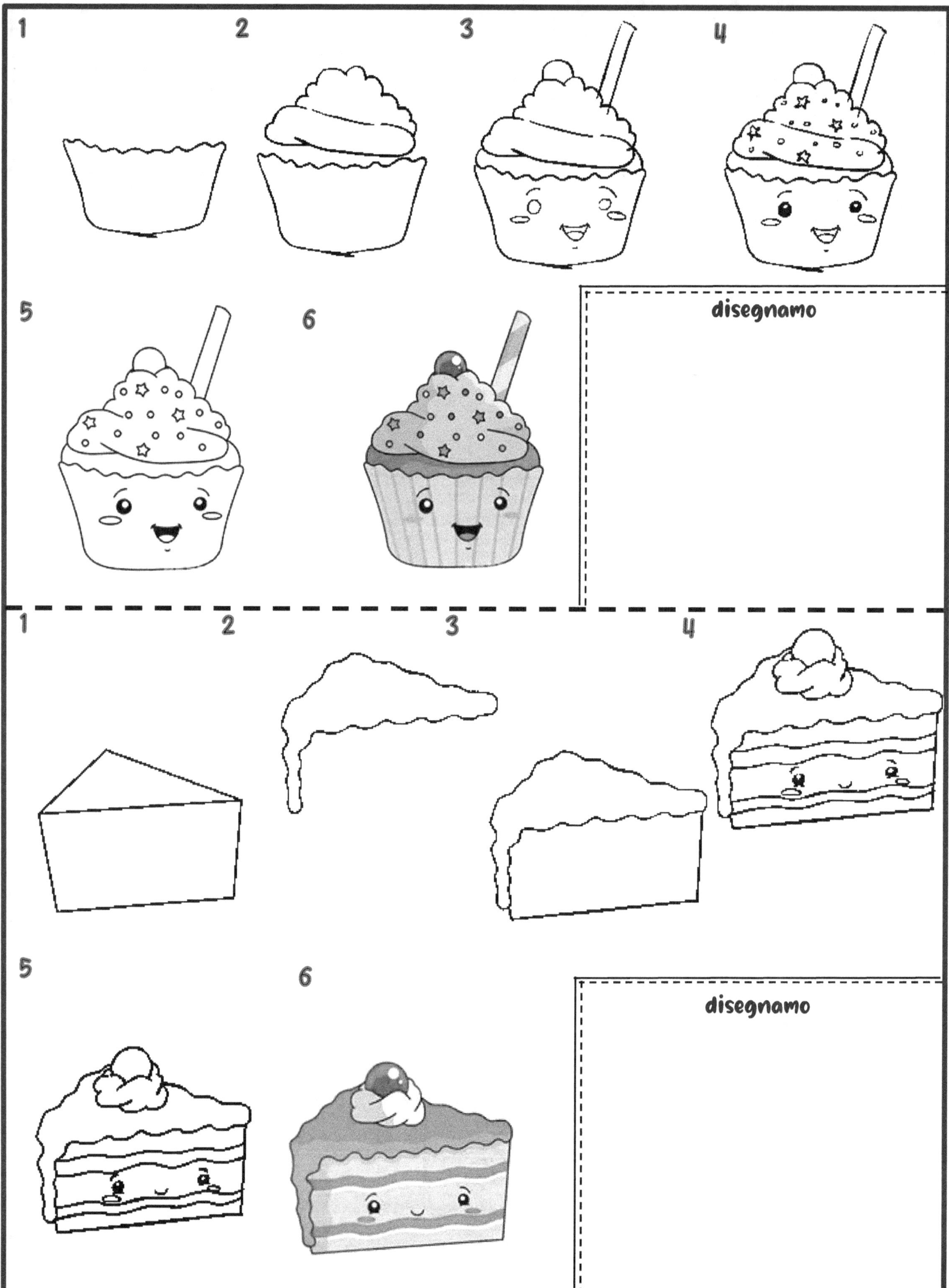

1
2
3
4
5
6
disegnamo
1
2
3
4
5
6
disegnamo

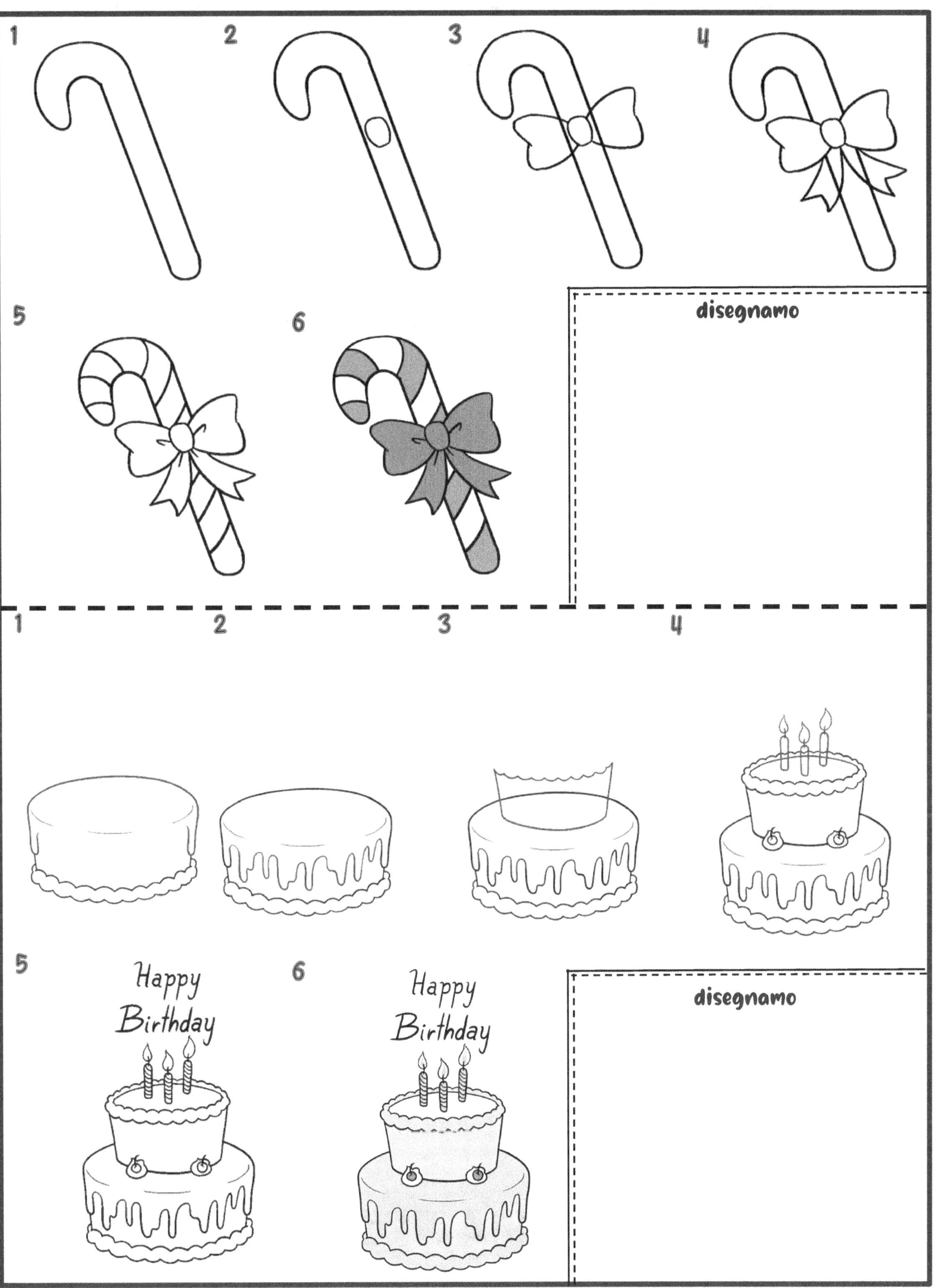

1
2
3
4
disegnamo
5
6
1
2
3
4
5
6
disegnamo
Happy Birthday
Happy Birthday

GRAZIE PER AVER SCELTO QUESTO LIBRO. CI AUGURIAMO CHE TI SIA PIACIUTA OGNI PAGINA DI QUESTO LIBRO E CHE TU ABBIA IMPARATO COME DISEGNARE COSE CARINE PASSO DOPO PASSO E CREARE LA TUA ARTE.

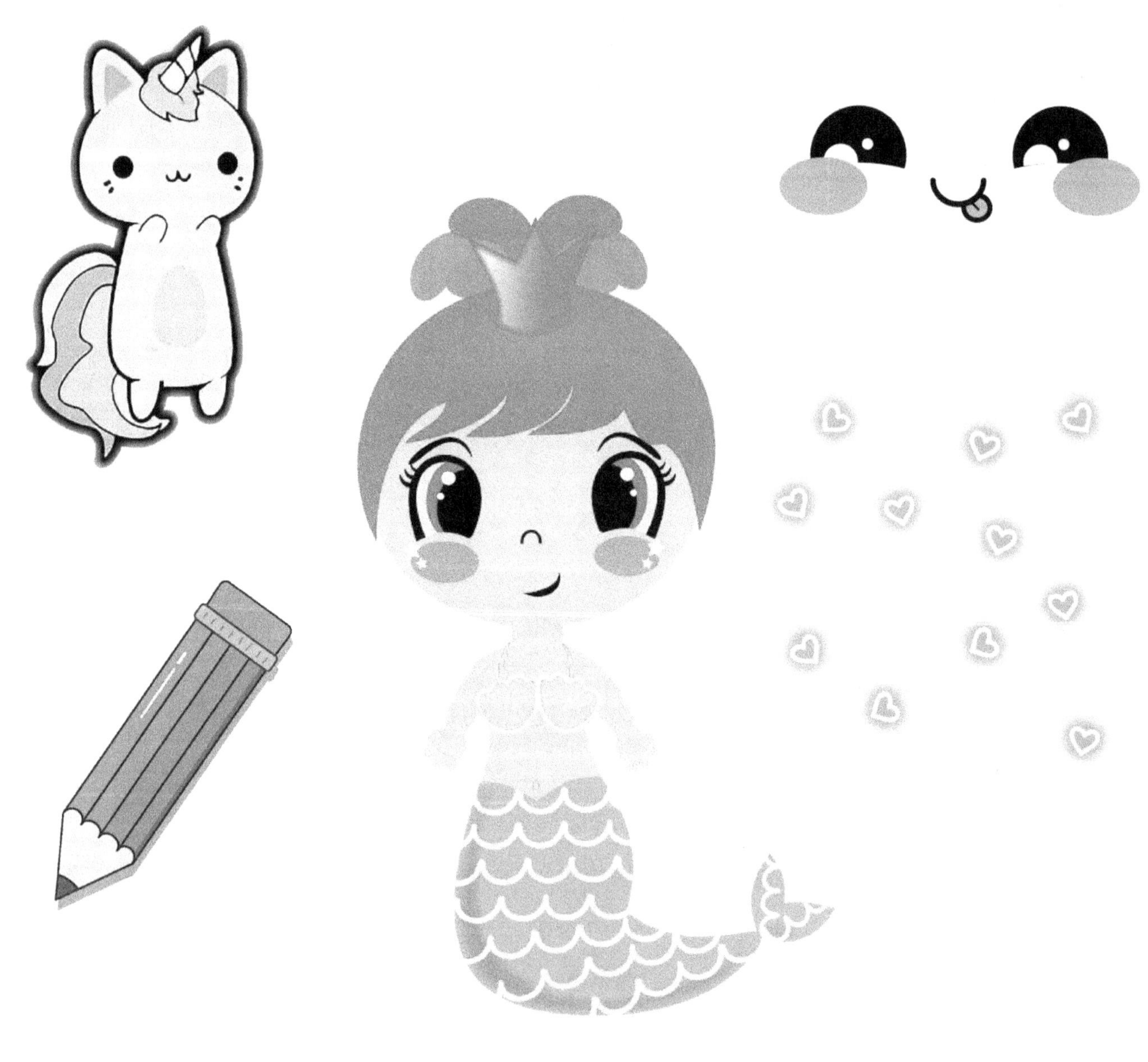

NAIMA PRESS